MÉMOIRES DE
MARC-ANTOINE MURET

IN IMAGINEM M. A. MVRETI
è viuo expressam.

Atqui te Aonias dicebas velle sorores
Pingere: solue datam, pictor amice, fidem.
Plus etiam feci: namque hac sub imagine, Lector,
Cum Phœbo Aonidum turba diserta latet.

Fr. Memmij Fremioti.

GÉRARD OBERLÉ

MÉMOIRES DE MARC-ANTOINE MURET

roman

BERNARD GRASSET
PARIS

De ce livre il a été fait un tirage
de 30 exemplaires numérotés sur vergé,
réservés à l'auteur.

ISBN 978-2-246-73111-5

A Tristan

Quant à moy, j'avois plus de six ans, avant que j'entendisse non plus de françois ou de périgourdin, que d'arabesque : et sans art, sans livre, j'avois appris du latin, tout aussi pur que mon maistre d'école le sçavoit : car je ne le pouvois avoir meslé ny altéré. Si par essay on me vouloit donner un theme, à la mode des collèges, on le donne aux autres en françois, mais à moy il le fallait donner en mauvais latin pour le tourner en bon. Et Nicolas Grouchi, qui a escript *De comitiis Romanorum*, Guillaume Gurente, qui a commenté Aristote, George Buchanan, ce grand poète ecossois, Marc-Antoine Muret que la France et l'Italie recognoit pour le meilleur orateur du temps, mes précepteurs domestiques, m'ont dit souvent, que j'avois ce langage en mon enfance, si prest et si à main, qu'ils craignoient à m'accoster.

Michel de Montaigne,
Essais I, XXV,
« De l'institution des enfants ».

Quam Marcus, caeso Cicerone, Antonius urbem
Laeserat, eloquii dum cadit ense pater,
Infando Marcus levat hanc Antonius ictu,
Restituit priscum qui tibi, Roma, decus.
Nam quantum linguae debebat Martia Marci
Roma, tuae debet, Marce poëta, lyrae
Aeternum vives igitur, Murete, nec ullus,
Qui Marcum possit laedere, Marcus erit.

La ville que Marc-Antoine a meurtrie en tuant Cicéron,
En abattant d'un coup de glaive le père de l'éloquence,
Marc-Antoine [Muret] la relève de ce coup abominable,
Et rétablit, Rome, ton ancienne gloire.
Car tout ce que la courageuse Rome devait à la langue de Marc,
Elle le doit, poète Marc, à ta lyre.
Ainsi donc, Muret, tu vivras éternellement,
Aucun Marc jamais ne pourra offenser Marc.

Etienne Jodelle,
Epigramme pour Marc-Antoine Muret,
en pièce liminaire des *Juvenilia* de Muret.

CHAPITRE PREMIER

Eheu fugaces, Postume, Postume,
labuntur anni nec pietas moram
rugis et instanti senectae
adferet indomitaeque morti…

Ah ! Postumus, Postumus,
les années coulent, fugitives
et aucune piété n'arrêtera
les rides, ni la vieillesse proche
ni l'indomptable mort…

Horace, *Odes,* II, XIV.

Ceux qui pensent que leur vie vaut d'être racontée, devraient toujours s'en charger eux-mêmes. Leurs inventions, leurs divagations et leurs menteries sont bien plus intéressantes que les « vérités » avancées par les biographes.

A présent, mon sable est presque passé. Les infirmités m'accablent et mes insomnies sont hantées par une foule de souvenirs mélancoliques ou joyeux, surgis d'un passé vers lequel les contraintes m'ont empêché de revenir ces vingt dernières années.

J'ai vécu deux vies, deux vies de même durée, mais fort dissemblables, car la seconde fut comme l'antithèse de la première. Mes jeunes années se sont écoulées en France et à Venise, des années fécondes, passionnées et entachées d'opprobre. Studieux, mais de tempérament charnel, je partageais mes jours et mes nuits entre l'étude et les plaisirs. Longtemps j'ai pensé que la volupté était l'assaisonnement qu'un dieu sage et généreux dispensait aux hommes pour améliorer une vie qui, sans elle, serait fade et ennuyeuse. En 1558, à Venise, une cruelle épreuve a sonné le glas de ma joyeuse jeunesse. J'ai compris alors que les voluptés sont bonnes servantes mais mauvaises maîtresses. Elles agrémentent l'existence mais vous tyrannisent si vous en devenez l'esclave. Persécuté dans ma patrie, je m'étais réfugié dans cette ville où personne ne me demandait compte de mon passé. Quatre années dans une cité hospitalière où mes curiosités et mes sens connurent enfin la liberté, avant d'être contraint de fuir encore ! Et puis j'ai quitté Venise pour Rome. Ce fut mon chemin de Damas. Je n'ai pas eu de vision surnaturelle comme l'apôtre Paul, c'est la peur, la hantise d'une nouvelle proscription qui m'a fait changer de vie. Si je ne me suis pas vraiment converti, du moins me suis-je amendé. Mon installation au Latium a mis un terme à une vie précaire et à tous mes débordements. Ma jeunesse était consommée. A Rome, j'ai connu le succès et la gloire. Après ma mort, il se trouvera sans doute quelqu'un, un ancien élève ou un historien laborieux, pour rédiger un éloge du célèbre Marc-Antoine Muret, le professeur, l'orateur des papes, l'auteur de nombreux livres, mais personne, aucun témoin, aucun curieux, ne voudra évoquer la jeunesse du folâtre et scandaleux poète limousin.

⋆

Ce passé ancien me revient presque toutes les nuits, entre insomnies, quintes de toux et rêves hallucinés. Dans mes souvenirs chaotiques se relayent, de façon crispante, tentations et regrets, délices et remords. Le baume du temps, ce temps qui dévore tout mais soulage les plus grandes afflictions, n'a pu guérir mes vieilles blessures. Après tant d'années, je croyais mon âme aguerrie, mais de secrètes plaies demeuraient, toujours prêtes à se rouvrir. Mon esprit a bien du mal à maintenir sa liberté pendant ces nuits de solitude et de tourments.

Ces hantises ne fléchissent qu'avec l'aurore, lorsque les oiseaux des bosquets du mont Quirinal se remettent à chanter. Réconforté par la suavité toute franciscaine de leur gazouillis, j'appelle mes serviteurs, je demande de la lumière et remercie le Ciel de m'avoir accordé une nouvelle journée. Brève action de grâces ! Au moment de l'ablution, la désolation me rattrape devant un miroir qui me renvoie l'image d'une homme usé. Je n'ai que cinquante-huit ans, mais déjà l'âge a fait tomber mes dents et mes cheveux, la podagre tourmente mes pieds, les veilles ont parcheminé mon visage. Du mirifique embonpoint modelé par une vie de bonne chère, il ne reste qu'un ventre flasque et une poitrine affaissée. La santé est certainement le joyau le plus exquis de tous les trésors de la terre et sans doute suis-je moins malheureux que d'autres, aveugles ou sourds. Dans sa grande bonté, Dieu me permet encore de travailler dans ma bibliothèque et de m'épanouir le cœur en compagnie des musiciens.

Cicéron prétend que la vieillesse procure des joies intellectuelles et morales très supérieures, car « l'âme délivrée des épreuves de la sensualité, de l'ambition, des rivalités, de toutes les cupidités, comme il est doux de pouvoir s'isoler et vivre avec soi-même. Et si elle trouve à s'alimenter dans l'étude et la science, il n'est rien de plus réjouissant qu'une vieillesse pleine de loisirs ». Il avait soixante-deux ans lorsqu'il composa son traité sur la vieillesse, afin de rendre celle-ci moins pesante pour son ami Atticus, mais surtout pour lui-même. A l'évidence, les philosophes sont aussi démunis que les poètes lorsqu'ils doivent se mesurer aux anfractuosités de l'existence, car dans plusieurs lettres envoyées au même Atticus, Cicéron, fort aigri, se plaint amèrement de son âge.

La Providence m'a gratifié d'un tempérament aussi prompt aux caresses qu'aux morsures. « Raille et passe ! » fut ma devise. Le temps est venu sans doute de me brocarder moi-même, une tactique salutaire pour ne pas me lamenter sur mon sort. Est-il pire épreuve pour ses familiers que les jérémiades d'un vieillard ?

Mon entourage est jeune. Après avoir enseigné plus de trente-cinq ans à Auch, Poitiers, Bordeaux, Paris, Toulouse, Venise et Rome, cent quarante saisons au service d'une jeunesse qui m'a applaudi, plusieurs fois porté en triomphe, quelquefois malmené, je ne saurais me priver de cette jouvence. La beauté, l'exubérance, les folies, les illusions, la candeur et la sauvagerie des jeunes gens me sont élixir. Mes accointances avec la jeunesse m'ont gardé l'esprit dégagé et m'ont tiré des limites austères de l'érudition.

Qu'ils soient bénis, ces garçons qui sont ma proche garde aujourd'hui ! Béni soit Lelio, le premier de mes serviteurs ! Lelio est un présent que je dois sans doute aux mânes de Virgile. Les premières semaines de mon installation au pied du Quirinal, curieux de découvrir les environs de mon domaine, j'avais pris l'habitude de flâner tous les soirs sur la colline, dans les friches et les garennes, où parmi les ruines antiques, les enfants des métayers font paître les troupeaux. Par une tiède vêprée de mai, j'avais invité à la promenade un de mes anciens étudiants, un Allemand de Cologne, de passage à Rome. Il voulait visiter les vestiges du temple du Soleil qu'un empereur romain avait édifié près du sommet du Quirinal, pour avoir vu le dessin de ce site dans un album du graveur Estienne Duperac. Soudain, notre conversation fut interrompue par les modulations suaves d'une flûte champêtre. Se laissant gagner par le lyrisme bucolique de l'instant, mon compagnon me sourit avant de déclamer :

« *O Murete, deus nobis haec otia fecit... Ille et ipsum ludere quae vellem calamo permisit agresti**. » Le pâtre qui faisait chanter son flûtet de roseau ne s'appelait ni Tityre ni Mélibée. C'était Lelio, le benjamin de huit enfants d'un fermier établi à moins d'une lieue de ma villa. Il avait l'âge radieux des jeunes gens lorsqu'ils abandonnent leur toge prétexte pour la toge virile. Les peintres et sculpteurs que les modelés masculins ne laissent pas de marbre eussent été troublés par le mélange de robustesse et de suavité que dégageait ce pastoureau. Avec une simplicité ingénue, Lelio affichait cette élégance racée que l'on rencontre si souvent dans les classes plébéiennes et trop rarement chez les patriciens. Il devint bientôt le véritable prétexte de mes promenades. Sa compagnie m'enchantait autant que sa conversation. Ce garçon qui n'avait jamais fréquenté les philosophes ne savait ni lire ni écrire mais témoignait dans ses propos d'une insouciance facétieuse qui éclaire d'un sourire les choses graves et court sans les écraser sur les choses légères. Trois mois après notre rencontre, je lui ai proposé d'entrer à mon service, une offre que son père a acceptée avec reconnaissance. Deux années se sont écoulées depuis que Lelio est entré

---

* O Muret, c'est un dieu qui nous octroie ces loisirs... et c'est lui qui me permet de jouer l'air qu'il me plaît sur un pipeau rustique.

dans ma maison, des années au cours desquelles son caractère insouciant, ses espiègleries toujours renouvelées, furent un puissant remède à mes infirmités et un préservatif contre la mélancolie. La joie de vivre est communicative.

Oui, béni sois-tu Lelio pour ta gaieté et les soins que tu me prodigues ! Béni sois-tu aussi pour le lait, le miel, les délicieux chevreaux, les fromages, les olives, les fruits et le vin nouveau, une ambroisienne corne d'abondance qui en toutes saisons embellit ma table et comble mes garde-manger.

Bénédictions aussi sur Francesco Benci, mon fidèle Benci. Doux Benci, que j'aime comme un fils et qui me témoigne aujourd'hui des attentions de père. Il fut un de mes premiers élèves à Rome. Après sept années sous ma férule, l'élève est devenu disciple puis ami de cœur. Ses débuts à Rome furent déplorables. Il avait vingt et un ans et venait d'Acquapendente, une petite cité de la province de Viterbe. A ce jeune provincial enclin aux plaisirs, Rome apparut comme une nouvelle Babylone, un bordeau où corps et âmes paillardaient sans trêve. Le compagnie des débauchés, ivrognes et ribaudes comblait bien mieux ses penchants que *La Morale à Nicomaque* que j'expliquais lors de mes premières leçons. Rougissais-je encore des turpitudes de ma jeunesse pour m'être penché sur Benci plus que sur d'autres ? Ayant vécu tant d'années dans le vice, j'ai tâché avec patience à remettre cette jeune âme dans le droit chemin. En 1570, mon disciple a changé le prénom de naissance, Plaute, en Francesco pour entrer au noviciat des jésuites et depuis, son âme ne se nourrit que d'aliments distribués par les anges. Benci est la plus belle récompense de mes années de professeur. Il avait des dons exceptionnels mais, sans mon autorité, serait-il devenu le beau poète latin et le brillant orateur qu'il est aujourd'hui ?

Il me reste à ajouter que c'est à cause de Francesco, peut-être pour lui, que je suis entré moi aussi dans les ordres six ans plus tard. J'ai enfanté Benci à la vie littéraire. Zèle du converti ? Benci a voulu m'enfanter à la vie religieuse tout en sachant que même la foi la plus sincère aurait grande peine à réformer un esprit aussi profane que le mien. Pour la paix de mon âme, je me suis longtemps abstenu de marquer de la curiosité pour les choses divines, car en les examinant, je n'ai récolté que trouble et perplexité. Ces questions concernent l'infini, une perspective qui me dépasse. Je me suis donc abandonné, comme on dit, « à la grâce de Dieu », une situation bien plus facile à observer qu'à comprendre. Pour cette raison, je ne me suis jamais mêlé d'expliquer les Ecritures. Les poètes, les philosophes et les orateurs anciens me parlaient mieux que les Pères de l'Eglise. Jamais, sans doute, je n'avouerai à Benci que mon ordination ne fut qu'un témoignage de reconnaissance envers la

Cour de Rome à laquelle je dois ma prospérité. Bénis donc soient Benci, le Saint-Siège et mes amis jésuites !

Qu'à toi aussi, mon bien-aimé Marc-Antoine, la Fortune distribue ses faveurs, car tu es la consolation de ma vieillesse. Le jour de ton baptême, mon frère t'a donné mon prénom. Les malencontres d'une vie tumultueuse m'ont éloigné très tôt de mon cadet. En me faisant l'hommage d'un filleul, il m'a témoigné un attachement dont je n'étais pas digne. Las, il s'est éteint sans me revoir, mais son legs le plus précieux, ce fut toi. Tu n'étais qu'un enfant lorsque tu as quitté le Limousin, sous la sauvegarde du cordelier novice auquel ta malheureuse mère t'avait confié. Mon cœur s'est arrêté en te découvrant, car j'ai revu l'enfant que j'étais à ton âge, tant tu me ressemblais. Ton père me pardonnera peut-être l'inconstance et les trahisons de ma jeunesse en vérifiant de l'au-delà combien je me suis efforcé de remplir ma charge de tuteur. En t'adoptant, je t'ai soustrait à la pauvreté et aux guerres civiles et, depuis sept années, je n'ai eu d'autre ambition que de faire de toi un adolescent pieux et instruit. Je t'ai donné le meilleur des précepteurs, mon ami Costantini, avant de t'envoyer à l'école des jésuites. J'ai surveillé tes études et, pour toi, j'ai relu des auteurs que j'avais négligés depuis longtemps. Je fus récompensé de mes efforts, le jour où dans une traduction de Xénophon tu m'as signalé quelques erreurs d'un savant distingué. Rappelle-toi ce que je disais à la fin du recueil de sentences grecques que j'ai composé pour toi il y a quatre ans : Mon cher enfant, en mourant je ne te laisserai ni grands arpents ni trop grande richesse, car mon père non plus ne m'en a pas laissé beaucoup, quoiqu'il fût intègre et d'honnête origine. Mais, s'il plaît au Ciel, je graverai dans ton cœur la pudeur et la crainte de Dieu et t'enseignerai les sciences qui m'ont nourri moi-même lorsque j'étais enfant. Tu ne seras pas forcé, par la nécessité, à te mettre au service de quiconque car je te léguerai assez de biens pour que tu vives libre et à l'aise.

La santé m'abandonne et, avant longtemps, je ne serai plus à tes côtés. Mais je partirai en paix, sachant que Benci et Lelio veilleront sur toi. Je fais confiance à Benci, mais je crains qu'il ne vise trop la perfection. Comme de nombreux repentis, il aspire à la sainteté. Prosélyte énergique, il voudra certainement t'enrôler dans la Compagnie de Jésus. Certes, le monde profane est parsemé d'artifices dorés, de maints pièges et attrapoires où trébuchent les mondains étourdis. Mais il recèle aussi des beautés, des agréments dont je n'aimerais pas te savoir spolié par excès de vertu. La vertu n'est pas immutable et je ne crois pas qu'il existe deux nations civilisées où les habitants soient vertueux de la même manière. La notion de vertu est aussi ondoyante que la notion de liberté. Pour les mêmes faits, celui-ci sera brûlé à Rome et l'autre récompensé à Venise ou Londres. Je t'engage à ne jamais rendre de culte à la vertu. Use de la vertu comme d'un étai, d'une main-forte, mais qu'elle n'entrave jamais ta liberté. C'est elle qu'il te faudra cultiver comme ton bien le plus précieux. Détruire sa vie par de rigoureuses abstinences me paraît aussi blâmable que d'abréger ses jours par excès d'intempérance.

Méfie-toi de ceux qui font commerce de dévotion ! Tous ces maîtres spirituels dénoncent le monde, la vase et le bourbier profond que sont les plaisirs et font de Job leur héros, un héros vautré dans le fumier ! Ils portent sur leurs visages ces marques de mortification si utiles à leur brocantage spirituel. Ils n'ont à la bouche que bûcher, potence, enfer et damnation. Si ma lucidité et mon indépendance d'esprit ne m'ont pas empêché de déférer au formalisme religieux, au moins je n'en fus jamais l'esclave. La robe d'Eglise que je porte aujourd'hui ne m'embarrasse guère pour me tourner encore, en secret, vers l'autel des cultes abolis, vers les divinités au front ceint de pampres et de lierre, des dieux indulgents et beaux.

Regarde Lelio ! Il appartient encore à cette Antiquité, à ces temps où les poètes ont symbolisé par des mythes grandioses les forces cachées du monde. Quand les lois de la Nature étaient perçues comme sacrées, chanter cette Nature, la lumière du jour, toutes les formes d'amour sous leur aspect le plus charnel sans chercher à les comprendre, c'était cela la poésie. Lelio est un enfant de cette ancienne Nature, Lelio est un jeune faune.

Pour user d'une parabole chrétienne, je dirais qu'il ressemble aux lys des champs et aux oiseaux du ciel qui croissent et volent à la grâce de Dieu, sans s'inquiéter du lendemain.

Un soir de printemps, alors que je m'épuisais à commenter un texte de Sénèque, je fus distrait par le chant d'un oiseau que je n'avais encore jamais entendu, un sifflement flûté d'une grande richesse mélodique. J'ai aussitôt quitté ma table de travail pour surprendre le musicien. Le chant venait du potager. Je me suis approché sans bruit. Etrange oiseau, en effet. C'était mon Lelio qui modulait ainsi en repiquant des oignons. Je lui ai demandé s'il dialoguait avec un merle. « Tu ne crois pas si bien dire. Quand j'étais petit, j'avais l'habitude de me cacher dans notre jardin pour me gaver de cerises, de raisins ou de figues. Réjouie par ma gourmandise, ma mère m'a surnommé Merlino, petit merle, parce que ces oiseaux chapardeurs ravageaient régulièrement nos arbres et nos vignes. Quand elle travaillait aux champs, je sautillais autour d'elle en essayant de siffler comme l'oiseau noir. J'ai fait de si grands progrès que parfois les vrais merles répondent à mon chant, surtout au début du printemps, à la saison des amours, quand ils aubadent entre rivaux, comme des solistes d'église. »

Lelio m'a souvent interrogé sur mon passé, ma jeunesse en France, mes voyages, et sur la vie que je menais à Venise et à la Cour de Ferrare. Au fil des saisons, il est devenu mon confident, une sorte de confesseur joyeux qui n'impose pas de pénitence et ne porte nul jugement. Son esprit subtil et délié n'est encombré d'aucun préjugé. Pour plaisanter, je lui ai dit que s'il était chrétien à la messe, il redevenait païen dès qu'il gambadait dans la garenne. A ce merle guilleret, j'ai fait des confidences que je me garderais bien de consentir au vertueux Benci.

La semaine dernière, comme nous déjeunions à l'ombre des grands cyprès, Lelio m'a suggéré de rédiger mes souvenirs de jeunesse.

Un des plus réconfortants privilèges que la nature consent aux vieillards, est celui de se remémorer les impressions de leur jeunesse. Au terme d'une vie de passions, d'orages et d'éclaircies, d'espoirs déçus et de compensations inespérées, revivre son passé est peut-être l'unique joie que puissent envier à leurs survivants, ceux qui ont eu la faveur de mourir à la fleur de l'âge.

Dans ces cahiers, je n'écrirai, mon cher Marc-Antoine, que ce que mon cœur me dictera. Mes confidences s'inscriront sur ces feuillets au gré de ma mémoire et de mon humeur. Souvenirs ? Confessions ? Commentaires ? Je ne sais trop comment qualifier une entreprise qui tiendra sans doute de la salade et de la ripopée, de la fatrasie et du salmigondis.

De cette fricassée tu ne garderas que le friand et tu repousseras le faisandé. C'est ma vie, ma vie rêvée et ma vie vécue et c'est moi, avec mes talents et mes faiblesses, mes vices et mes qualités.

C'est à Lelio, instigateur de cette tentative, que je confierai mes notes. Il te les livrera un jour, quand il estimera que le moment sera venu.

CHAPITRE II

Me juvat in prima coluisse Helicona juventa,
Musarumque choris implicuisse manus;
me juvet et multo mentem vincire Lyaeo,
et caput in verna semper habere rosa.

Mon bonheur, c'est d'avoir, dès mes tendres années,
fréquenté l'Hélicon et d'avoir donné ma main
dans le chœur des Muses.
Mon bonheur, que ce soit donc de m'enchaîner
à Bacchus le Libérateur et d'avoir toujours
sur mon front les roses du printemps.

Properce, *Elégies*, III, 5.

Limousin je suis venu au monde, le 12 du mois d'avril 1526, sous le règne du roi François premier de Valois. La divine Providence ou le destin, cette puissance que les anciens Grecs croyaient supérieure aux dieux, ont décidé que je le quitterai citoyen romain.

Toute ma vie, j'ai chéri la liberté, les livres, la musique, la table, le vin et les beaux lurons. A cinquante-huit ans, mon lot de délices et de peines n'est que la récompense ou la rançon de mes convictions et de mes penchants.

L'esprit d'indépendance que j'ai cultivé toute ma vie avec malice et quelquefois irrévérence, m'a apporté autant d'amis que d'adversaires. Les lettres m'ont offert ce que d'aucuns, plus attachés aux vanités, appellent une consécration littéraire. La musique m'a gardé dans la joie. Gourmandise et ribotes ont ruiné ma santé. Quant à mes pratiques voluptueuses, je leur dois délectations, caresses et gaie lascivité, mais aussi pur amour et deuil cruel. Les infirmités ont feutré mes penchants d'homme de chair aussi bien que mes humeurs belliqueuses de savant. Au soir de ma vie, je n'aspire plus qu'à la paix intime des passions douces. Pour atteindre à cet accoisement de l'âme, à cette félicité sans remords ni impatiences, je devrais m'acquitter de bien des soultes. Mais la sérénité ne survient pas, comme par miracle, avec les poussées inflammatoires de la podagre et je tremble de ne jamais parvenir au repos joyeux des philosophes que j'ai fréquentés toute ma vie. La peur de l'ennui, le vice d'orgueil, la pleutrerie qui trop souvent cortégea mes actions, des remords tenaces, autant d'obstacles à la douceur indolente, à l'harmonie qui couronnent la vieillesse des hommes vertueux.

La paix idyllique qui règne ici, le jardin parfumé de myrtes et de roses, le suave roucoulement des colombelles, le murmure léger du vol des abeilles, les chants des laboureurs sur la stridence obligée des cigales, le tendre dévouement de mes familiers, autant de largesses que les dieux parcimonieux ne prodiguent pas à l'encan ! Hélas, aucune Arcadie ne peut abolir les flèches empoisonnées des vieux fantômes, ni les troubles exigences d'une âme noircie de mélancolie. Le désir d'abdication pour un bonheur bucolique est ambigu, car il glisse souvent vers son contraire. Les natures inquiètes échappent difficilement aux périls et aux prestiges des passions. Pour elles, toujours insatisfaites, la retraite aux champs est chimérique.

*

Mes premières années ont baigné dans la lumière tantôt vaporeuse, tantôt éclatante du Limousin et dans le clair-obscur des sylves qui couvrent les monts à l'entour du village de Muret. En proie aux fièvres de l'impatience, je voulais me gaver de toutes les saveurs, de tous les parfums, de tous les trésors que des journées campagnardes filées d'or offraient à mes jeunes désirs.

Dans mes prémices il y a sans doute peu de choses dont je puisse me féliciter, rien non plus que je veuille renier, mais, puisque j'ai décidé de me livrer entièrement, je passerai outre les impérieuses nécessités qui me forceraient à taire certains événements. On reste à jamais victime des tremblements et des obscures germinations de l'enfance et de l'adolescence.

Mon père descendait d'une famille qui régentait jadis le fief qui porte notre nom. Ayant tout perdu depuis plusieurs générations, il ne nous restait que ce patronyme, une origine dont mon père ne tirait aucune vanité. Sa modestie s'accordait avec celle de sa fortune. C'était un homme instruit, qui exerçait comme jurisconsulte et cultivait les lettres, la rhétorique et la philosophie avec une ferveur qu'il s'efforçait de transmettre à ses fils. J'étais plus assidu aux études que mon jeune frère. La lecture convenait mieux à mon tempérament inquiet et solitaire que les jeux et la palestre. Mon cadet, bien plus robuste que moi, affichait dès l'enfance une simplicité virile peu encline à la méditation mais qui permet de surmonter plus aisément les épreuves et les échecs. Les splendeurs de la langue latine le laissaient indifférent. Son sac de billes lui importait plus que les nuances de la déclinaison et de la conjugaison. Avec une candeur malicieuse, il déclara un jour devant mon père que *rosa* était un bien joli nom, mais que *rosarum* l'était beaucoup moins et que les vieux Romains étaient fort sots pour avoir imaginé de pareilles façons. Ne pouvaient-ils, comme nous, user d'articles, de pronoms et d'auxiliaires, au lieu de défigurer de la sorte leurs noms et leurs adjectifs ? Cette réflexion proférée sur un ton implacable fit rire notre père aux éclats. J'ajouterai que c'est là le seul commentaire grammatical que j'aie jamais entendu de la bouche de mon frère. Alors que je m'inquiétais de l'hospitalité que la reine de Carthage allait ou non accorder à Enée, mon cadet ne rêvait que pêche dans les étangs, piégeage d'oiseaux, frondes, arcs, flèches et rixes avec les petits villageois.

De mon père, j'ai gardé l'image d'un savant affable et discret, replié en permanence dans sa librairie. En dépit de la modestie de ses revenus, il s'était constitué une riche bibliothèque d'auteurs latins et grecs, de traités de jurisprudence et de livres de sciences qu'un courtier de Limoges commandait pour lui à Paris, Lyon, Bâle et Venise. Il vouait à ses livres un attachement sincère, au rebours des gens paradant dans le monde, esclaves de leurs ambitions ou de leur frivolité et qui ne se tournent vers les livres que lorsqu'ils s'ennuient ou qu'on les boude. Ceux-là rentrent chez eux, contrariés par une maîtresse, un prévôt, ou en colère contre toute une rue, voire tout un quartier, et pénètrent dans leur librairie comme dans un havre inaccessible aux fâcheux. Au détriment d'autres agréments, mon père dépensait une partie de ses biens en livres comme d'autres dilapident leur fortune en chiens, chevaux, faucons, en jouant aux dés ou en consumant leur santé en débauches. Ce père était, pour employer une image de rhétoriqueur, un véritable miroir de bonté, de science et de générosité. Mâle dans ses réflexions, il n'en est jamais venu à se rompre la tête avec les affaires du monde.

Je pense souvent à mon père et me dis que ma vie aurait sans doute connu un cours plus harmonieux si j'avais été de la même étoffe que lui. Sans vouloir le soupçonner d'incrédulité, je dois avouer que Monsieur Muret ne se donnait guère de tourment avec les questions théologiques. Epictète et Sénèque lui suffisaient sans doute pour atteindre à la béatitude stoïque, à la maîtrise des passions et à la lucide résignation devant l'inévitable.

Ma mère appartenait à un tout autre monde. Elle venait d'une modeste et pieuse famille de Limoges qui n'avait jamais frayé avec les philosophes. Son père était ouvrier typographe dans l'atelier de Jean Breton, un imprimeur estimé pour ses missels lémoviciens. Si je voulais glorifier les perfections chrétiennes de ma mère, des poètes mystiques suivant la guise, je dirais qu'elle cueillait les roses des anges pour se dérober aux épines du monde. Ma mère était dévote jusqu'à l'ascétisme. Humble et de santé délicate, elle ne remplissait ses devoirs d'épouse qu'entre deux oraisons.

Sa dévotion allait à saint Etienne de Muret. Il y a quatre siècles, ce vénérable ermite s'était retiré dans les forêts des environs de notre bourgade avant de renoncer à sa vie d'anachorète pour fonder la célèbre abbaye de Grandmont.

Par tous les temps, malgré sa complexion délicate, ma mère se rendait régulièrement à Grandmont pour assister aux offices des rigoureux cénobites. Epuisée par le trajet, plus de six lieues de sentiers escarpés, grelottante de froid autant que d'adoration, elle se tenait, comme pétrifiée par la grâce, derrière un pilier de la partie la plus obscure du sanctuaire. Je conserve pieusement son vieux livre d'heures, un eucologe gothique aux pages de vélin patinées par des années de pratique quotidienne. Cette précieuse relique est le seul legs de ma mère.

Madame Muret n'était point adoubée par les agitations et les galanteries du monde. La vie monastique aurait sans doute mieux convenu à ses élancements dévots. Je me suis souvent demandé pour quelles mystérieuses raisons elle avait consenti au mariage. Avait-elle plié devant les conventions qui veulent que l'aînée trouve un époux, le couvent étant le sort réservé aux cadettes sans dot ?

Terrassée par une fièvre quarte, elle nous a quittés un soir de janvier, l'an 1539. L'inexorable Parque filandière venait d'éteindre la plus vive clarté de notre maison. En sortant de la chambre funèbre, notre père nous a pris, mon frère et moi, par la main en proférant d'une voix émue et tendre : « Mes pauvres enfants, la trompette de Dieu a sonné la retraite à l'oreille de votre mère. Elle a rendu son âme en un soupir d'amour, en ne soupirant que pour Dieu. Je crois que le Seigneur l'a reçue les mains ouvertes, l'a embrassée et l'a conduite vers cette maison pleine de fleurs et de senteurs où résident les bienheureux. » On ne dirait pas autrement d'une sainte.

Les paroles de notre père sont restées dans ma mémoire car, peu porté sur les métaphores religieuses, il n'avait jamais usé d'images aussi suaves pour évoquer la mort. J'avais treize ans et, malgré la nature charmante et bucolique que mon père prêtait au Paradis, je ne pouvais m'empêcher, dans ce malheur, de voir la faveur divine comme une grâce aigre-douce. Les Champs élyséens des fabulistes me plaisaient plus que la Jérusalem céleste. Lorsque je me réfugiais devant la cheminée de la librairie, ce n'était pas dans *Le Livre salutaire de l'Imitation de Notre-Seigneur Jésus Christ* que je trouvais un aliment pour mon imagination adolescente. Virgile, Ovide et Catulle nourrissaient bien mieux mes songeries.

Je commençais d'être affriandé aux pensées lascives, et les voluptés auxquelles je songeais étaient uniquement faunesques. Ce sont les livres et leurs captieuses illustrations qui ont engendré et attisé mes premiers émois. Avec un art subreptice, des élancements obscurs, irrévocables, se sont emparés de mes puériles rêveries. En tapinois, je m'abîmais comme en un gouffre mystérieux devant certaines figures des *Emblèmes* d'Alciat : Prométhée nu, attaché par le bras à un arbre, la poitrine ouverte, un vautour lui becquetant le cœur, les serres de l'oiseau plantées sur son genou et son ventre ; l'éblouissant Icare tombant comme un ange déchu dans les flots ou encore, le crispant et beaucoup plus charnel Cyclope, vautré dans sa grotte comme un homme sauvage, impudique, ruisselant et velu.

Tourmenté à force par les images de ces héros et demi-dieux, je ne tardais pas à m'échapper vers les forêts où s'activent les bûcherons, près des étables où les valets de ferme arboraient de fières et troublantes robustesses. Prodige poétique ! Les environs de mon petit Muret se métamorphosaient en Arcadie limousine peuplée de Tityres et de Ménalques, de Pans et de Silènes, tout un cortège idéal vêtu d'une éclatante lumière de jeunesse. Si mon berceau fut limousin, mes sens, éveillés par mes lectures, étaient déjà méditerranéens. En dépit des exhortations maternelles, mon dieu n'était pas un dieu chrétien.

En proie à ces échauffaisons, je flânais un soir dans la forêt. C'était au printemps, saison où les exigences de la sève s'emparent des plantes comme des animaux. Au détour d'un sentier secret que les bêtes rousses avaient taillé dans les broussailles, je rencontrai un jeune rôdeur, un de ces vagabonds parcourant les campagnes en quête de travail, d'aumônes ou de larcins. C'était un gaillard puissant et dru, cuivré par l'air et le soleil. D'épaisses boucles brunes cachaient en partie un visage fin et harmonieux qui surprenait sur un corps aussi massif. Il me fit aussitôt penser à Hercule. Bâti comme cet athlète, le va-nu-pieds paraissait de taille à capturer vivant n'importe quel sanglier d'Erymanthe. Il m'aborda en souriant et me demanda s'il me plairait de tuer le temps en sa compagnie. Quelque peu effrayé, je lui ai répondu qu'il fallait être bien présomptueux pour vouloir tuer le temps, lui qui, tôt ou tard, tue tout ce qui respire ici-bas. Ma repartie le fit rire. Il avait affaire à un drôle. Conquis par sa jovialité, malgré le peu d'envie que j'avais à occire qui que ce soit, je me soumis docilement à sa demande, car il présentait des avantages que ma curiosité et mon exaltation ne pouvaient dédaigner.

Au retour de cette folâtre aventure mythologique je me suis dit que la fréquentation des fabulistes anciens était d'un enseignement sans pareil. Enhardi et stimulé par cette première expérience, je m'échappais souvent. La forêt et les bords de rivière furent mes plus fructueux terrains de chasse. Pour débusquer satyres et aegipans, je n'eus pas à battre les buissons, car cette année-là, l'été fut torride. Une harpaille de garnements surgissait à la vesprée dans les clairières et sur les berges, pour se jeter nus dans la rivière ou se battre en corps à corps plus lascifs que belliqueux.

Quand vint la saison des colchiques, j'étais un débauché confirmé, un jeune diable de paillardise. Les premiers frimas mirent fin à ces joyeuses saturnales et je retournai à mes livres.

Ses occupations de jurisconsulte retenaient souvent mon père à Limoges. Aussi, les livres furent-ils mes professeurs, mes seuls véritables maîtres. Dans son traité sur l'amour des livres, le savant prélat Richard de Bury affirme que les livres sont « des maîtres qui nous instruisent sans verges ni férules, sans cri et sans colère. Si on les approche, on ne les trouve point endormis ; si on les interroge, ils ne dissimulent pas leurs idées ; si l'on se trompe, ils ne ronchonnent pas ; si l'on commet une bévue, ils ne se moquent pas ». A-t-on jamais fait l'éloge des livres avec un lyrisme plus quintessencié que Richard de Bury ? « Livres, épis délicieux, gonflés de grains, que les mains apostoliques seules doivent broyer pour être offerts en nourriture délicieuse aux âmes faméliques. Urnes d'or où reposent la manne et les pierres d'où s'écoule le miel sacré, seins gonflés du lait de la vie, réservoirs toujours pleins ! Arbre de vie et fleuve quadrifique du Paradis où se repaît l'esprit humain et dont se pénètre et s'arrose l'aride intelligence. » Le roi Salomon a-t-il célébré sa bien aimée Sulamite avec des accents plus fervents ?

J'ignore quel fut le sort des livres de mon père. Les guerres civiles, les rapines et les incendies sont les plus féroces ennemis des bibliothèques et ces fléaux, plus terribles que les quatre cavaliers de l'Apocalypse, n'ont pas épargné le Limousin. *Habent sua fata libelli*, disait le vieux Maurus. Que sont devenus tous ces chers compagnons de ma jeunesse ? Les *Emblèmes* d'Alciat où sont éclos mes premiers émois et dont j'aimais à caresser la douce reliure de vélin chamarrée d'or, les majestueux in-folio du Strasbourgeois Grüninger qui m'ont révélé Virgile et Horace, les œuvres si délicatement illustrées d'Ovide que mon père avait fait venir de Venise, où sont-ils aujourd'hui ? Les savoir en des mains pleines de respectueuse dévotion me serait d'une grande consolation.

La prospérité dont je jouis depuis que je vis à Rome m'a permis de rassembler à mon tour une belle collection de livres. J'en ai payé beaucoup de mes deniers, d'autres m'ont été offerts. Sur chaque volume, j'ai soigneusement inscrit le lieu et la date de l'achat et les noms des donateurs. Ces ouvrages furent mes plus proches amis et parfois mes confidents. Sur leurs gardes j'ai noté mes pensées et aussi mes colères. Quand la faucheuse viendra moissonner sur mes arpents, il me sera moins douloureux de quitter la vie que de renoncer à mes livres.

Marc-Antoine, mon enfant bien-aimé, ces ouvrages seront mon legs le plus précieux. Je sais que tu en auras grand soin. Ainsi te souviendras-tu toujours de moi. Lorsque tu ouvriras le *De moribus* traduit par le fourbe Lambin, tu pourras te divertir avec les remarques acerbes dont j'ai émaillé le volume. Tous mes livres sont couverts de notes et de scholies dont tu tireras profit.

Pour avoir, comme moi, occupé des emplois auprès des princes, Richard de Bury n'ignorait pas que la familiarité avec les puissants engendre de fréquentes infortunes, et rarement de grands honneurs.

« Qui donc, écrit-il, pourrait apprécier à sa juste valeur le trésor infini des livres, grâce auquel les savants agrandissent les connaissances de l'antiquité et des temps modernes ? Vérité partout victorieuse, car les livres sont au-dessus du roi, du vin et des femmes. Aussi, quiconque se reconnaît une ardente prédilection pour la félicité, la sagesse, la science et même la foi, doit avouer son attachement pour les livres. »

CHAPITRE III

Quod ruri maneo studiis addictus honestis,
Rusticus hoc videor nomine, Crasse, tibi.
Rusticus ille quidem non est, qui rura pererrans,
Ingenium rerum cognitione colit :
At tu, qui nullam nosti stultissimus artem,
Esse vel in media rusticus urbe potes.

Tu me traites de rustre parce que j'habite la
campagne ?
N'est point rustre celui qui vivant aux champs
se consacre à l'étude.
Mais toi, Crassus, qui ne fais strictement rien
d'intéressant dans la ville où tu vis,
je pourrai bien t'appeler rustre citadin.

M.-A. Muret, *Juvenilia.*

Ecolier capricieux et farouche, je me suis instruit à ma manière, avec la légèreté des petits papillons azurés qui butinent aussi bien les fleurs que les fruits gâtés et les fientes de bovins. Une éducation à la billebaude ! Le nectar des livres se mêlait au fumet de mes dérèglements. L'insouciance fut le trait le plus néfaste de mon caractère, une insouciance qui aurait pu desservir mon avenir de savant de la même manière qu'elle avait si souvent compromis ma réputation. Depuis l'âge de douze ans, je n'ai employé le secours d'aucun professeur, ni public ni privé.

Mon père m'avait envoyé à Poitiers pour cultiver mon esprit et cueillir des diplômes. Si j'allais de temps en temps écouter les cours de droit civil, de rhétorique ou de philosophie, c'était moins pour y apprendre quelque chose que pour ne pas peiner Maître Muret qui rêvait de me voir embrasser la même carrière que lui. Certains sont contraints d'étudier seuls par manque de fortune. Cc fut le sort du pauvre Pierre Ramus. D'autres s'y contraignent par humilité et respect, tel Joseph Scaliger quittant le cours de Turnèbe pour étudier seul dans sa chambre, parce qu'il ne se croyait pas assez formé pour suivre les leçons d'un si grand maître.

Si j'ai boudé les professeurs, c'est parce qu'une indomptable bizarrerie m'empêchait d'en supporter aucun plus de trois jours. L'Université m'apparaissait comme une pépinière de cuistres ivres d'éloquence creuse, de faiseurs de thèses et de fadaises. De mon enfance à la campagne j'ai hérité une jovialité contadine qui me fit perdre très tôt le respect des choses prétendues sérieuses. Un pédant coiffé d'un bonnet de docteur, un de ces marauds de sophistes que les satiriques appelaient théologastres, m'a certain jour traité de bouseux. Je lui ai retourné le compliment par une épigramme, en le qualifiant de rustre citadin.

Avec la maturité je suis devenu plus arrangeant et même, je le confesse avec honte, quelquefois servile. Mais les vestiges de l'ancienne insoumission émergent encore, comme des accès de fièvre, dans mes qualités comme dans mes défauts.

La vie estudiantine de Poitiers ne favorisa guère mon retour sur le droit chemin, bien au contraire ! Je dirais plutôt qu'elle acheva de me précipiter dans l'abîme. Comme dans beaucoup d'universités alors, l'épicurisme, le paganisme, l'athéisme et autres graines de perdition avaient embobeliné la jeunesse et cela d'autant plus aisément que la plupart des maîtres ès arts, pédagogues, régents, professeurs et autres principaux étaient tout aussi corrompus. En raison de mes penchants pour la ribauderie, j'ai fraternisé au pied levé avec une joyeuse bande de damoiseaux. Ils étaient accoutrés de façon extravagante pour effaroucher les braves bourgeois de la ville et chatouiller les argousins. Sous les bannières de Catullistes, Pindaristes, Anacréontiens, Lucrétiens, Plautiens ou Ovidiens, ces chantres d'ivrognerie et d'égrillardise se ruaient en bande vers les tavernes et les lupanars comme les Turcs vont à La Mecque. La licence la plus effrénée et le mépris de la religion régnaient alors dans les meilleures écoles du royaume, en réaction contre la rhumatisante scolastique. Les précautions dont l'Eglise avait entouré l'étude des lettres s'étaient effondrées dès lors qu'on mit entre les mains des élèves les auteurs les moins chastes de l'Antiquité profane. A Paris, l'impiété s'imposait à la jeunesse du haut des chaires du Collège Royal, des collèges Boncourt et Coqueret, du collège de Beauvais et dans de nombreuses institutions privées où des maîtres hérétiques enseignaient leurs erreurs en même temps que les belles-lettres. Les huguenots avaient formé dans l'Université même une clique dont le plus grand plaisir consistait à fomenter la discorde et susciter des querelles. Le Pré-aux-Clercs, où les écoliers avaient coutume de se retrouver, ressemblait à un véritable champ de bataille.

A vrai dire, dans ma jeunesse, je me souciais peu des querelles théologiques ou littéraires. Ceux que l'esprit de parti subjugue à tel point qu'ils ne voient, n'entendent et n'agissent plus que sur des instigations, sont fort à plaindre. Si j'affirme cela avec autant de sérénité aujourd'hui, c'est que plus d'une fois, dans ma maturité, préjugés, passions et haine ont conduit ma plume. Il y eut des moments où je ne maîtrisais pas une vivacité qui, faute d'être bridée dès les premières saillies, m'a mené plus loin que je ne l'aurais souhaité. Je me suis souvent livré à des anathèmes dont j'ai rougi le lendemain. Ma nature a toujours été à la fois gaie et mélancolique, délicate et cynique, tendre et cruelle, libertine et pieuse, fanfaronne et lâche. J'étais incapable de maîtriser des sentiments aussi paradoxaux. Pour me dépêtrer de ces contradictions, je me suis fourvoyé dans la lice avec la férocité et la mauvaise foi des faibles qui se croient persécutés. Ceux qui ont pâti souvent aboient et mordent, un moyen de reprendre l'avantage, ou du moins de s'en persuader.

En arrivant à Poitiers j'étais dénué de toute ambition de réussite. Nourrisson indiscipliné de l'Université, je m'exerçais à la viole parce que j'aimais la musique et je composais des poèmes parce que je chérissais les Muses. Qui aime la poésie veut lui consacrer sa vie et, partant, ne se fait ni soldat, ni avocat, ni tabellion et méprise charges, emplois, or, argent et grandeur. J'étais libre et d'humeur toujours joyeuse et je la gardais ainsi parce que j'avais beaucoup à forniquer. La ville m'offrait bien plus d'occasions de me purger les reins que mes terrains de chasse campagnards. Je n'étais pas un ange, ma condition d'homme me condamnait à errer sempiternellement. Mes aventures devinrent cosmopolites, car parmi messieurs les écoliers de l'Université de Poitiers grouillaient quelques escouades d'Allemands, de Flamands, d'Anglais et d'Ecossais qui me révélèrent toutes sortes de conjonctions exotiques et dépaysantes, des lascivetés inédites ne contribuant en rien à la propagation de l'espèce humaine mais qui produisirent le plus grand effet sur un novice comme moi. Pour payer mon vin, je commentais l'*Amphitryon* de Plaute devant les élèves du collège Sainte-Marthe, un exercice peu lucratif mais fort plaisant, car je m'estimais bien plus favorisé que Plaute lui-même qui, pour subsister, se voyait obligé de tourner la meule d'un boulanger.

Mes premiers essais poétiques me permirent d'entrer en relation avec quelques célébrités locales et d'autres poètes qui séjournaient à Poitiers. Le jeune Bastier de La Péruse, de trois ans mon cadet, assistait parfois à mes cours. Joachim Du Bellay, mon aîné de quatre ans, devait, comme moi, consacrer son temps au droit, mais les Muses lui firent bientôt abandonner pandectes et digestes. Dans notre petite Académie fleurissait aussi Pierre Fauveau, un rimeur impénitent qui composait des tragédies imitées de Senèque. Un jour, j'ai proposé un concours poétique : nous devions, Joachim, Fauveau et moi, rivaliser sur le même sujet avec une épigramme amoureuse. Pour désigner le vainqueur, nous fîmes appel au poète latin Salmon Macrin de Loudun. La palme revint à Fauveau. Du Bellay, mauvais coucheur, n'adressa plus la parole au lauréat. Quelques mois plus tard, dans une auberge des environs de Poitiers, Joachim rencontra par hasard Pierre de Ronsard qui s'en retournait chez lui après un voyage en Gascogne. Une prompte sympathie rapprocha les deux jeunes gens. Les affinités devaient être puissantes, car Joachim abandonna Poitiers pour s'enfermer avec son ami au collège de Coqueret à Paris.

⋆

Quelque temps après le départ de Joachim, une de mes leçons sur Plaute fut interrompue par le régent du collège. Sans m'en avoir prévenu, il s'invitait dans ma classe en compagnie d'une dame que je ne connaissais pas. Du fond de la salle, il me fit un signe de tête, leva sa main en la faisant virevolter, une façon muette de m'inviter à poursuivre mon commentaire.

J'en étais au passage où Sosie déclare à Mercure : « En vérité, je suis un vaurien d'esclave. L'idée m'est-elle seulement venue de remercier les dieux pour tous les bienfaits dont ils m'ont comblé ? » La femme me fit un sourire quelque peu espiègle avant de s'asseoir au fond de la classe. Le régent chuchota quelques mots à son oreille et se retira discrètement. Mes élèves étaient comme frappés de stupeur et, pendant un long moment, je suis resté, moi aussi, médusé devant cette apparition, tel Enée en présence de Vénus. *Vera incessu patuit dea !* En effet, la distinction des atours de l'étrange visiteuse, la grâce de sa démarche et l'harmonie parfaite de son visage attestaient qu'il ne pouvait s'agir que d'une déesse. Je poursuivis tant bien que mal ma leçon, en expliquant comme je pus, comment s'enfuirent les Téléboens, comment Amphitryon égorgea le roi Ptérélas, et comment il reçut la coupe d'or où sa victime avait coutume de boire.

C'est ainsi que je fis connaissance avec celle que j'ai célébrée sous le nom de Margaris.

★

Dans mes élégies je l'ai nommée Margaris parce qu'elle rivalisait de perfection avec la perle et que même son rire était perlé. En réalité elle s'appelait Gaspara et venait d'une noble famille de Ferrare. A dix-huit ans, elle avait épousé un gentilhomme poitevin très fortuné qui jadis avait escorté le roi François de Valois dans ses expéditions du Piémont. Le vieux roquentin rêvait tardivement d'un héritier. Mais cette ultime action d'éclat fit long feu par je ne sais quelle maladie ou caducité. La jeune Gaspara était extrêmement belle de corps, éloquente en parler, noble de race, heureuse d'honneur et ornée de vertu. Offrir, par un hymen disproportionné, un tel phénix de beauté à Mathusalem, c'était donner des noisettes à qui n'avait plus de dents. Etant un jour invité aux épousailles d'un vieillard de ses amis, le sage Pythagoras répondit que rien ne lui déplairait plus que d'assister à pareil obit, car convoler à cet âge, c'était proprement se coucher dans le cercueil. Pour le vieux fantôme de capitaine, plus sec qu'un rebec, le jour des noces avec Gaspara fut, en effet, l'avant-jour du linceul et de la fosse. Moins d'un an après la bénédiction, il eut la courtoisie de trépasser. La véritable politesse, qui est fleur de charité, ne consiste-t-elle point à s'effacer quand la décence l'exige ? Gaspara hérita de ses biens. Libre et résolue à le rester, elle eut fort à faire pendant les premières années de son veuvage, pour éconduire une foule de galants plus acharnés que les prétendants de la farouche Pénélope d'Ithaque.

A Ferrare, Gaspara avait reçu la même éducation que ses frères. Elle faisait l'admiration de la Cour d'Alphonse d'Este par la facilité avec laquelle elle s'exprimait en latin et en grec. Le savant Fulvio Pellegrino Morato, qui avait ouvert une école pour la jeune noblesse, remarqua les surprenantes dispositions de cette enfant et mit tous ses soins à les cultiver. La femme du duc, Lucrèce Borgia, la plus belle, la plus aimable et, au dire de certains, la plus dépravée des princesses italiennes, s'était entichée de la prodigieuse fillette. Elle lui faisait endosser un joli costume de page et l'invitait parmi les poètes et les artistes qu'elle avait attirés à sa Cour, pour qu'elle récite des *azolains* de son cher Bembo ou des passages de l'Arioste. Aussi douée pour la musique que pour l'étude des belles-lettres, Gaspara chantait d'une voix de rossignol toutes sortes de *frottole* en s'accompagnant elle-même au luth. Lucrèce fit copier pour sa jeune protégée les tablatures du luthiste Francesco de Bossinie et celles publiées par Petrucci, deux recueils des plus célèbres *frottole* et *strambolli* de Bartolomeo Tromboncino, de Philippe de Luprano, de Marco Cara et de bien d'autres musiciens qui fleurissaient en Italie à la fin du siècle dernier et aux premiers ans du nôtre.

J'ai feuilleté ces précieux cahiers parmi d'autres recueils dans la bibliothèque du château que Gaspara avait reçu en douaire. Elle avait transformé la vieille demeure poitevine en palais à l'italienne, réformé les jardins, et fait venir des Flandres et d'Italie de magnifiques tableaux représentant des scènes mythologiques et des paysages animés de sujets galants. Pour la grande salle de musique elle avait commandé un orgue à un organier allemand très réputé.

Mais voilà que mon récit prend les devants. Gaspara était la bienfaitrice du collège Sainte-Marthe. Elle eut quelques échos de mon arrivée dans cette école et voulait connaître le jeune grimaud qui commentait son Plaute avec un enthousiasme contrastant, disait-on, avec la routine habituelle des vieux magisters. A la fin de la leçon, quand les élèves eurent quitté la salle, elle vint me dire combien elle avait pris plaisir à entendre mes commentaires. J'étais pétrifié, incapable de trouver une phrase de circonstance. Je repensais à Virgile. Toute mortelle qu'elle était, je la voyais déesse. Rouge de confusion, j'ai levé les yeux. En apercevant de près sa gorge et son visage, mon trouble se changea en vertige. Elle me taquina en riant et demanda où s'était enfui l'éloquent professeur. La moelle frissonnait dans mes os, mais la concision de la langue latine me sauva. Pantelant d'émotion, je lui ai répondu : *Periit* * *!* Riant de plus belle, d'un rire limpide, argentin, elle posa sa main sur mon bras et chuchota : « Fasse le ciel qu'il ressuscite, car j'aurais grand plaisir à l'inviter pour philosopher et pour entendre le son de sa viole. J'ai appris que vous étiez musicien. »

Pour quelles raisons me jugea-t-elle digne de

* Il est mort !

cette faveur dès cette première rencontre ? Sans doute fut-elle émue par ma timidité et par l'espièglerie de ma réponse.

Admis parmi ses familiers, je m'abîmais en rêveries chevaleresques. Mes divagations se nourrissaient du souvenir de mes lectures d'adolescent, vieilles chansons de geste et romans courtois. Au cours d'une promenade dans sa roseraie, je lui ai déclaré que je voulais être son écuyer preux, hardi et loyal. Elle répondit que mes prétentions à la bravoure la touchaient infiniment, mais qu'elle me préférait en page musicien et en ami. Petit à petit, le besoin d'être auprès d'elle devint si vif qu'il m'empêchait presque de penser à autre chose. A son contact, mes habitudes rustaudes et frivoles se façonnèrent peu à peu. J'aimais en secret, avec toute la naïveté d'un sentiment idéal, poétique, à l'image des amants héroïques.

Properce avait dix-huit ans lorsqu'il rencontra Cynthia : « Cynthia fut la première qui, de ses beaux yeux, fit ma conquête et mon malheur. Mon cœur était encore vierge. » Catulle avait vingt-deux ans lorsqu'il connut l'aristocratique Lesbie. Elle fut l'aventure de sa vie. Lesbie domine toute son œuvre : « Vivons, ma Lesbie, aimons-nous et prenons toutes les jérémiades des tristes vieillards pour de la petite monnaie ! Les feux du soleil peuvent mourir et renaître. Quand la lumière de nos brèves vies sera éteinte, nous dormirons ensemble d'un sommeil éternel. Donne-moi mille baisers, puis cent autres, puis mille encore, et puis cent baisers nouveaux, suivis de mille, et cent de plus encore ! »

Et moi, Marc-Antoine Muret, j'avais vingt ans quand mes yeux se posèrent sur les seins de la noble Gaspara. Lointain épigone des élégiaques latins, je composais des vers pour célébrer ses grâces : « C'est ton amour, Margaris, qui borne mon envie. Passer auprès de toi le reste de ma vie, voilà mon seul désir, voilà ce que mon cœur, pour être heureux, peut choisir de meilleur. Je me rirai des rois, et de leur puissance, et puisque tu seras mon souverain trésor, on me verra compter leur fortune pour rien. »

CHAPITRE IV

Et dicat, Vates nuper Murete fuisti
Non bonus, at certe fidus amator eras.

Et qu'elle dise : Muret tu fus peut-être
mauvais poète,
mais tu étais certes un fidèle amant.

M.-A. Muret, *Juvenilia.*

La rédaction de ce mémorial m'apparaît de plus en plus comme un projet futile et impudent. Maintes fois, en refermant ce cahier, j'ai voulu jeter mes misérables confessions au feu et sans doute l'aurais-je fait si Lelio, impatient d'en connaître la suite, ne m'en avait empêché. L'attachement que ce garçon me témoigne n'est pas feint. Un fils ne serait ni plus tendre ni plus respectueux, mais jamais un fils ne se montrerait aussi familier, aussi décolleté que Lelio. Notre relation est simple, confiante et enjouée. Il est l'instigateur de cette tentative et s'il m'encourage à la poursuivre, ce n'est point par seule curiosité, mais aussi parce qu'il en est l'unique confident.

C'est notre secret, une affaire qui se joue en cachette de Benci. Francesco ne lui plaît guère, et je pense que la défiance est réciproque et quelque peu teintée de jalousie. Mon cher Benci néglige depuis trop longtemps Théocrite et Virgile pour pâlir devant les grâces anacréontiques de mon protégé. Tertullien et saint Ambroise lui ont imposé des modèles beaucoup moins païens.

Le père de Lelio m'a offert un chevreau de lait. Nous l'avons sacrifié hier soir. A l'heure où l'oiseau de nuit, tapi dans les mûriers et les oliviers, égrène ses plaintifs miaulements, nous étions tous un peu ivres, même le vertueux Benci, car il n'est qu'un seul péché auquel il n'ait jamais pu renoncer, celui que l'on commet en festoyant. Je lui ai dit qu'il était absous, car le vin d'Orvieto que nous avons partagé était la boisson préférée du pape Paul III Farnèse, un pontife amateur de poésie, qui au soir de son règne mouvementé buvait ce nectar doré pour se consoler des mauvais procédés de ses proches. Pour escorter les œuvres complètes de l'admirable chevreau, j'ai demandé à Lelio de prendre dans le cellier un vieux vin de Falerne. En versant dans nos coupes cet antique breuvage de Campanie, je me suis réclamé des témoignages de poètes latins. Horace qualifiait le vin de Falerne d'ardent, Tibulle de fumant et Martial d'immortel.

C'est à la table de Gaspara que j'ai bu pour la première fois du vin de Falerne. Là me furent aussi dévoilés les vins de Malvoisie, les vins muscats et les ambrosiaques vins rouges des moines cisterciens du Clos-de-Vougeot en Bourgogne. Dans ma famille on ne buvait aucun vin. Mes premières carousses furent piteuses. Je ne connaissais que les vins de gueux, les chopines et pots éventés, détrempés, les clairets trompeurs que les infâmes taverniers de Poitiers – qu'ils brûlent en enfer ! – vendaient aux étudiants et aux soudards. Les aiguières de cristal et de vermeil de Gaspara m'ont révélé les mystères et les vérités profondes du vin. Toute ma vie j'ai chéri le vin. Grâce à lui j'ai connu la félicité de vivre, cette flamme invisible qui circule dans les veines, cette heureuse folie qui affranchit de tout esclavage, qui endort tout souci.

Le vin de Falerne nous avait plongés dans une torpeur voluptueuse, une sorte de ferveur silencieuse imposée par la magnificence de cette nuit de printemps. Soudain, un rossignol a lancé ses roulades perlées. Tous les oiseaux, à la période d'amour, sifflent et gazouillent avec plus de verve. Mais seul le rossignol chante et, comme les vrais artistes, il exige le silence pour que chacune de ses notes soit entendue. Pour cette raison il ne chante que la nuit.

L'oiseau chéri des anciens poètes me ramena à Gaspara, à mes jeunes années et aux pages que j'avais écrites l'après-midi. L'ivresse est propice aux épanchements. La coupe de falerne en main, j'ai raconté dans quelles circonstances j'avais bu ce vin pour la première fois. Benci m'a demandé si la dame de Ferrare était la Margaris de mes *Juvenilia*. Ce garçon a toujours eu les femmes en aversion. Sa répugnance pour ce sexe est à ce point fanatique qu'il hait non seulement les femmes, toutes sorcières, sirènes de contagion, amazones du diable, mais que son intolérance frappe aussi ceux qui prennent plaisir à leur compagnie. Avant de se convertir, il n'avait aimé que des hommes et les seules beautés qu'il ait approchées étaient les catins des lupanars où ses compagnons de débauche l'entraînaient parfois. Les idées chevaleresques, l'amour pur et courtois qui ont influencé les mœurs amoureuses des lecteurs d'*Amadis de Gaule*, n'étaient pas son ragoût. Le récit de ma rencontre avec Gaspara l'a mis en humeur railleuse : « Rappelle-toi l'histoire du Maïorquin Raimond Lulle qui faillit perdre la raison pour avoir vu la gorge d'une Italienne. Quoiqu'il faisait profession de philosophie, comme toi, il prit la dame pour une déesse. Il serait volontiers mort à soi-même pour ne plus vivre qu'à elle. L'amour avait banni sa raison. Mais la dame qu'il poursuivait, et qui peut-être avait plus de vertu et de beauté que la tienne, décida de le guérir par l'objet même de son enchantement. Elle lui découvrit son sein, parfaitement beau par le haut, mais rongé par le bas deux ulcères incurables. Avec autant d'efficacité que de douceur elle lui dit : "Monsieur, vous voyez maintenant ce que vous aimez." Le spectacle surprit tellement l'esprit de Lulle, qu'abandonnant l'affection de toutes les créatures, il s'adonna tout entier à l'unique amour de Dieu. »

Soudain, le rossignol a cessé de chanter et Lelio a quitté la terrasse sans dire un mot. J'ai prié Benci de retourner dans son couvent en lui conseillant de garder ce genre de fable pour ses sermons de jésuite.

Retiré dans ma chambre, j'ai été pris de remords d'avoir congédié aussi brusquement mon disciple. La parabole macabre de Raimond Lulle était certes déplacée dans ce moment d'intimité et de quiétude. Elle m'aurait semblé moins saugrenue en d'autres circonstances. Si Benci est parfois d'un naturel caustique, je ne devais m'en prendre qu'à moi-même, car il fut mon élève. Les hauts et les bas de l'existence m'ont rendu goguenard. J'ai raillé à outrance bien souvent, ridiculisant tout, y compris ce que les hommes de bien tiennent pour sacré. L'argent de mes cheveux ne m'a pas complètement guéri de cette habitude et trop souvent je prends mes bouffonneries de vieillard pour d'excellentes plaisanteries. Benci était fort jeune lorsqu'il m'a confié le maniement de sa conscience. Son cœur était souple comme la cire tendre. Je me suis efforcé d'en faire un homme savant, mais parce que l'art de bien parler et les batailles littéraires m'inspiraient plus que les dogmes et les douces austérités, mon enseignement fut fortement entaché de raillerie et de partialité.

Ma vie ressemble à mon siècle, un siècle magnifique et inquiet, troublé par tant d'erreurs et de passions, un siècle fécond et meurtrier.

J'étais trop agité pour trouver le sommeil. L'ivresse se dissipait, me laissant dans l'état fébrile où toutes les billevesées prennent une ampleur grotesque. La chandelle brûlait sur ma table d'écriture et je me retournais sans cesse dans mon lit, en proie à toutes sortes de questionnements absurdes. Un mélange de fatigue et d'excitation propre aux vieux buveurs inquiets qui ne cessent de ressasser. Quelle tâche m'attend encore ? Comment vais-je faire ? La mort me presse, ma vie s'enfuit, des banalités qui prennent une ampleur insensée avec la solitude de la nuit et dont on rit quand le jour se lève.

J'en étais à me tourmenter ainsi lorsque, tout près de ma chambre, un rossignol se remit à chanter avec une insistance inaccoutumée. Ses trilles ne semblaient s'adresser qu'à moi. Je me suis levé pour ouvrir discrètement la croisée. J'ai compris aussitôt que mon soliste ne perchait pas dans le jardin et que le concert se donnait dans la maison. La musique venait de la bibliothèque. Comme dans une fable d'Ovide, le rossignolet s'était métamorphosé en éphèbe siffleur.

— Tu savais, dit Lelio, que je chante comme un merle. Maintenant tu sauras que je peux aussi rossignoler.

Je ne sais si cet oiseau était un présent des mânes d'Ovide ou d'Aristophane ou si c'était Dieu, qui dans sa grande miséricorde voulait faire une faveur à un misérable sceptique. Dans le doute, je rendis grâces à tous les trois, car tous les fantômes, toutes les chimères s'évanouirent aussitôt. Lelio m'a reconduit jusqu'à mon lit et s'est assis à mon chevet. Je me suis endormi comme par enchantement.

*

Gaspara aussi veillait parfois à mes côtés lorsque je passais la nuit dans sa demeure. Certains soirs, elle chantait d'anciens airs italiens et français en s'accompagnant au luth. Est-ce le hasard ou bien un moment d'abandon qui rapprocha un soir sa main de la mienne ? Spontanément, avec une audace irrésistible, je me suis emparé de cette main et j'ai lié mes doigts aux siens. Ce geste doux et innocent était un privilège qui devint lors de nos rencontres suivantes une habitude. J'étais incapable de prononcer un mot quand nos doigts étaient entrelacés. D'ailleurs, quelles paroles auraient pu exprimer mes émotions mieux que cette complicité muette, que le frémissement de ma main dans la sienne ? Parce qu'elle avait quinze ans de plus que moi, je lui portais un amour plein de respect. Au fil des saisons notre relation prit un tour plus familier. Elle voulut tout connaître de ma vie, mon enfance, mes habitudes et mes espérances. Comme j'avais en elle une confiance entière, je ne lui cachais rien, pas même mes dépravations précoces avec les gueux et les étudiants. Ces bagatelles la mettaient en gaieté. Elle ne portait aucun jugement défavorable sur mes débauches, et semblait même les approuver avec une sorte de complicité joyeuse. Son indulgence m'a tant rassuré que je l'ai nommée conseillère d'Etat de mon âme.

Un jour, après une confidence particulièrement indécente, elle me dit que j'aurais dû naître dans son pays, car s'il est des climats où ce genre d'amour règne par prédilection, l'Italie est assurément de ceux-là. Les habitudes que je croyais honteuses étaient, selon elle, parfaitement conformes aux goûts des Italiens, aussi bien chez les poètes, les peintres et les philosophes que dans les cours des princes et des papes. Elle ne tarissait pas d'anecdotes sur Ange Politien, Marsile Ficin, Pic de la Mirandole, sur Laurent de Médicis, Michel-Ange et Antonio Bazzi surnommé le Sodoma. Elle me raconta que le savant Piccolomini, devenu pape, se délectait à regarder gambader les garçons nus, que son successeur, le Vénitien Paul II, aimait à se farder et qu'il avait rendu l'âme dans les bras d'un giton. Quant à Sixte IV qui succéda aux précédents, il vécut tel un satrape turc, entouré de jolis pages qu'il nomma ensuite évêques ou cardinaux. Gaspara voulut me convaincre qu'à mon insu, l'Italie était ma véritable patrie. Elle disait ne pas douter qu'un jour je rejoindrais cette mère qui ne demandait qu'à m'adopter. Un voyage à Rome?

Un pèlerinage sur les terres des poètes et des orateurs latins ? J'en acceptai l'augure. Mais je n'osais encore l'espérer. J'ignorais alors que la prédiction de Gaspara se réaliserait moins de dix ans plus tard.

Mais surtout, j'étais loin d'imaginer que je franchirais un jour les Alpes comme proscrit, comme misérable frotteur de routes et non pas, selon la coutume des étudiants pérégrins, pour embellir mon *curriculum studiorum.*

« Pour avoir passé tant d'années en compagnie de Cicéron, de Catulle, de Plaute et de Virgile, le latin est devenu ta langue, bien plus que le français ou ton patois limousin. Lorsque tu poseras le pied en Italie, tu auras l'impression de rentrer à la maison. J'aimerais être près de toi ce jour-là. » O Gaspara, les larmes me viennent en rapportant tes propos. J'ai découvert ta patrie sans toi, sans toi j'ai parcouru les rues de Ferrare. Quarante années se sont écoulées depuis mon séjour à Poitiers. Le jeune homme frais et indiscipliné qui t'offrait des vers et buvait ton vin a vécu. Celui qui accompagnait tes chants a déposé sa viole depuis longtemps. Bientôt on ensevelira la vanité de sa vie dans la simplicité roide d'un tombeau.

*

Gaspara fut la première et la seule femme que j'aie aimée. Mes habitudes de frétillon de l'autre bord ne m'avaient pas appareillé pour une aventure d'amour avec une personne de son sexe. La candide admiration que je lui vouais dans les premiers temps de notre relation se changea insensiblement en passion. Etudiant démuni, jeune glaiseux à peine échappé des pâquis limousins, j'étais assez fou et assez présomptueux pour croire que ma robustesse juvénile et mon petit bagage de latinité suffiraient pour séduire en de si hauts parages.

J'aimais, et la verte nouveauté de cet amour enflamma mon imagination au point que je décidai de renoncer à mes anciennes habitudes. Plus mûre, plus expérimentée, la clairvoyante Gaspara n'en demandait pas tant. Son affection pour moi n'était pas dépourvue de coquetterie, mais, pour elle, il ne s'agissait que d'un jeu. Les élégies passionnées que je lui dédiais valaient ce que valent les *Juvenilia,* ces exercices traditionnels de tous les poètes débutants. Elle ne répondait à mes poèmes latins que par des commentaires littéraires, en corrigeant mes défaillances de syntaxe et mes erreurs de versification. Elle m'assurait que ces prémices poétiques auguraient de futurs lauriers et qu'un jour on m'appellerait l'Horace français. Pour gravir le chemin du Parnasse, je devais écrire un ouvrage plus important, une tragédie latine destinée aux élèves du collège Sainte-Marthe. Fort de ses encouragements, j'entrepris aussitôt la composition d'une pièce sur la mort de Jules César. Elle serait jouée en fin d'année scolaire et, après la représentation, la bienfaitrice du collège me conduirait vers la scène sous les applaudissements des professeurs, des notables, des élèves et de leurs parents. C'est ainsi que le jeune et crédule versificateur imaginait l'événement, mais, comme disait Virgile, *dis aliter visum*. Les dieux, en effet, virent cela d'un autre œil, car mon *Jules César* ne fut jamais joué à Poitiers. Avant la fin de l'année, j'avais quitté la ville pour Bordeaux.

★

Gaspara restait persuadée que mon destin serait italien, aussi voulut-elle m'« italianiser ». Pour me familiariser avec sa langue, elle ne me parla plus qu'en italien. Elle négligea de m'expliquer la grammaire, préférant la méthode simple et vivante des mères qui apprennent à parler à leurs marmousets. Sous la férule d'une maîtresse aussi charmante et spirituelle, je progressai rapidement.

Au bout de quelques mois, elle me fit lire à haute voix des passages de Dante et des poèmes de Pétrarque. En me familiarisant avec l'italien, j'avais le sentiment de me rapprocher d'elle encore davantage et mon adoration se mua en idolâtrie. Ce furent mes derniers moments de félicité auprès de Gaspara. Je ne pouvais deviner que le dénouement tant espéré se réaliserait et qu'il anéantirait toutes mes illusions.

Un soir, Gaspara m'invita pour un dîner très cérémonieux. Des bouquets de roses, des candélabres d'argent, des carafes de vins précieux et une abondance de mets raffinés ornaient la table qu'elle avait fait dresser dans sa chambre. Nous avons levé nos coupes de vin de Malvoisie en buvant au succès de ma tragédie. A la fin des agapes, mon hôtesse me fit présent d'un petit coffret vénitien recouvert de cuir mauresque ciselé. Il renfermait une édition de Pétrarque que le libraire Jean de Tournes venait de publier à Lyon, un dodu petit recueil imprimé en caractères italiques avec de jolies illustrations. Le volume était habillé d'une éblouissante reliure dorée avec un jeu d'entrelacs de cires de diverses couleurs. Au centre était gravé en lettres dorées : *Dilectissimo suo Marco Antonio Margaris dedit.* Trop ému pour formuler des remerciements, j'ai fondu en larmes. Les caresses de Gaspara me firent pleurer encore plus. A vrai dire, j'étais ivre et Gaspara sans doute aussi. L'ivresse est un état curieux et particulièrement remarquable, car il permet de pleurer et de rire en même temps. Cette nuit-là, je n'ai pas quitté la chambre de ma déesse. Le vin m'a accordé ce que mes élégies amoureuses n'ont jamais pu obtenir. J'ai pu constater *ad vivum* la véracité de l'antique aphorisme qui prétend que sans Bacchus, Vénus reste froide.

Mon triomphe fut éphémère. Au réveil, une mordicante ardeur rampait encore dans mes os et bouillait dans ma moelle. J'étais frais, gaillard et raide de l'avant comme un Priape en belle humeur, fin prêt pour de nouvelles estocades d'amour. Mais ma belle amie avait disparu. Dépité, je griffonnai une petite épigramme obscène montrant un amant décontenancé par la fuite de sa maîtresse et qui termine la besogne en se passant d'elle parce qu'il a cinq doigts à chaque main. J'ai retrouvé Gaspara dans la roseraie. Je courus vers elle avec l'allégresse d'un chardonneret prêt à folâtrer dans les bosquets. Au moment où j'allais débiter mon petit brocard, elle m'a supplié d'oublier notre aventure, un moment d'égarement, disait-elle, dont elle était seule coupable. Elle voulait rester mon amie, ma confidente, et pour employer mes propres termes, la conseillère d'Etat de mon âme. Amants ordinaires, notre tendre affection ne tarderait pas à se changer en enfer. La lassitude ou la jalousie nous sépareraient à jamais. Mais je n'avais que faire de ses prédictions. L'humeur sanguine et la rustrerie dont je n'avais su me départir récidivèrent comme une affection chronique. Je l'ai traitée de Putiphar lubrique et me suis enfui comme le jeune Joseph en jetant à ses pieds mon misérable poème.

J'ai regagné Poitiers à pied, trois lieues pendant lesquelles, comme un ivrogne ou un fou échappé d'un lazaret, j'ai maudit toutes les femmes, soulageant mon amour-propre par une litanie d'injures à l'encontre de ce sexe pervers, maudite engeance, chiennes affamées, vipères, caméléons, Médées, Circés, Clytemnestres, Gorgones, fripeuses de moelle, faces emplâtrées, fléaux d'Apocalypse, renardes cauteleuses, hydres de malheur, chaudrons à semence, portes publiques, instruments de l'abîme… J'étais comme possédé, j'en appelais à la mythologie et au terrible poème contre les femmes du moine Bernard de Morlas pour flétrir ce sexe avec des invectives latines plus accablantes encore.

Arrivé à Poitiers, je me suis précipité vers un cabaret pour me saouler de mauvais vin avant de retourner à mes anciennes pratiques.

Dans les semaines qui suivirent ce lamentable épisode, j'envoyai à Gaspara plusieurs poèmes pleins de remords. Je lui parlais de nos chers entretiens, de la douleur que me causait notre séparation, de l'espoir que je nourrissais de la revoir, mais elle ne répondit jamais. J'ai cependant continué de lui envoyer des élégies de plus en plus amères. Dans l'une d'elles, je me demandais comment Margaris, plus froide que la neige, avait pu m'enflammer. Pour la rendre jalouse, je lui livrai des poèmes adressés à d'autres femmes, des Paula, Galla et Phyllis imaginaires. Rien n'y fit, j'étais évincé.

Peu de temps après ces événements, je fus appelé à Bordeaux par Gélida qui venait de succéder à André Gouvea comme principal du collège de Guyenne. De Bordeaux, j'envoyai encore quelques poèmes à celle qui fut ma maîtresse d'un soir. Je me plaignais de son absence :

> Tu es à Poitiers, ville heureuse que le Clain arrose,
> Et moi je suis à Bordeaux, où les vins excellents
> A tout autre que moi pourraient charmer les sens.
> Mais loin de Margaris, il n'est rien qui m'enflamme,
> Rien qui plaise à mon goût, rien qui me touche l'âme.

Je n'ai jamais revu Gaspara. Qu'est-elle devenue ? Sa vie fut-elle heureuse ? A-t-elle survécu aux guerres civiles qui ont ensanglanté la France ? Les griffes du temps m'ont brisé, mais Gaspara, non, Gaspara, je ne puis me la représenter vieille et courbée.

CHAPITRE V

Dic dea, quod possim scripturus fingere nomen
Scaligeri quod par laudibus esse queat.
Cur petis imprudens, quod habes ? Dic Scaliger : illud
Omnia virtutum nomina nomen habet.

Dis-moi, Muse, quel nom puis-je inventer
pour signaler la gloire de Scaliger ?
Que me demandes-tu là, ignorant ?
Dis tout simplement : Scaliger.
Ce nom se suffit à lui-même
car il renferme toutes les vertus.

M.-A. Muret, *Juvenilia.*

Je me suis souvent demandé pourquoi mon père m'avait fait baptiser Marc-Antoine. Est-ce la pratique des vieux pandectes qui présida au choix d'un prénom aussi romain ? Pensait-il au grand orateur dont l'éblouissante éloquence fit dire à Cicéron que, grâce à lui, l'Italie pouvait rivaliser avec la rhétorique athénienne ? Hommage imprudent, car après l'assassinat de ce malheureux consul, sa tête fut exposée sur la tribune des harangueurs où il avait si longtemps régné. Je n'ose imaginer que Maître Muret ait pu songer à l'autre Marc-Antoine, le triumvir débauché qui fit massacrer Cicéron par ses sicaires. Inspiration ou intuition ? Mon destin semble tout entier écrit dans ce prénom latin. Rome est aujourd'hui ma seule patrie. Intuition encore, si ce double prénom annonce les saints patrons de deux cités où j'ai enseigné, Marc de Venise et Antoine de Padoue ?

Sans vaticiner davantage sur les singularités des prénoms latins, je considère cependant comme une bizarrerie du destin l'influence qu'exerça sur ma jeunesse un homme qui s'appelait Jules-César. Le prénom impérial de ce personnage l'avait sans doute promis à la grandeur et à la puissance. S'il ne tirait son origine, comme il s'en vantait souvent, des princes de Vérone, Jules-César Scaliger descendait certainement du fils d'Alcmène, car il était taillé pour les combats.

J'avais dix-huit ans lorsque je lui rendis visite à Agen pour la première fois. A cette époque, comme je l'ai déjà écrit, je refusais tous les professeurs. Je rêvais d'un héros, d'un maître, et ne demandais qu'à devenir le disciple de celui-là. Je lui avais soumis mes premiers poèmes, accompagnés de lettres d'admiration pleines d'expressions grandiloquentes. Avec une ferveur toute juvénile, je me déclarais son adorateur. Mes louanges pindariques ont sans doute touché le matamore, car il m'a reçu avec bienveillance. Il m'a fait mille politesses, m'a copieusement arrosé de vin en me félicitant exagérément pour mes vers. L'aumône d'un dieu du Parnasse à un rimeur novice ! J'ai sorti de mes basques quelques dédicaces encore plus adulatives. Après les avoir lues, il m'a serré contre sa poitrine d'Hercule en disant : « Je t'adopte comme fils, considère-toi comme le frère de mes enfants. » Le lendemain, fort de cette filiation, je lui adressai une épigramme dans laquelle je me plaignais que la muse Euterpe s'étonne que je l'appelle ma sœur.

Une fraternité qui me semblait aller de soi : n'étais-je pas le fils de Jules-César Scaliger ?

Je l'ai revu plusieurs fois. Il corrigeait mes poèmes et si j'ai progressé en versification latine, c'est à Scaliger que je le dois. Mais plus que tout, mon maître aimait à se raconter. Il avait trouvé l'auditeur rêvé. Avec un génie hâbleur pour ainsi dire homérique, il me parlait de ses glorieux ancêtres. Il se prétendait fils de Benedetto della Scala, de la dynastie qui avait régné à Vérone avant d'être dépossédée par les Vénitiens. Il se targuait aussi d'avoir été, à douze ans, le page de Maximilien, et d'avoir suivi cet empereur dans ses expéditions pendant dix-sept ans. Les larmes aux yeux, il me racontait ses prouesses lors de la bataille de Ravenne où périrent son père et son frère Tito. J'ai su, plus tard, que ses récits étaient en grande partie inventés. Comment douter de la sincérité d'un géant en pleurs évoquant sa mère, une mère qui mourut de chagrin lorsqu'il ramena les cadavres de son père et de son frère à Ravenne ?

« Après tous ces malheurs, disait-il, j'ai été dégoûté du métier des armes. » Il choisit alors d'entrer en religion, pensant que seules deux vocations étaient honorables, l'armée et l'Eglise, à condition toutefois de parvenir au sommet de ces organisations. A défaut de s'illustrer comme condottiere, il décida de se faire moine, car il lui fallait commencer au bas de la hiérarchie, avant de s'élever à la dignité de l'épiscopat, du cardinalat et, pourquoi pas, de la papauté. Il visait le pontificat dans le seul but de déclarer la guerre aux Vénitiens et de venger ses ancêtres en arrachant à Venise la principauté de Vérone. Ce projet vertigineux le conduisit à Bologne où il se jeta dans la théologie avec la même ardeur qu'il avait montrée au combat.

Je ne puis m'empêcher de rire en rapportant ici l'anecdote qui mit fin à sa vocation religieuse. Lorsqu'il me l'a racontée, j'étais loin d'être au large. Les élans spirituels du jeune Scaliger ont été anéantis lorsqu'un franciscain adepte des « mœurs antiques » voulut se livrer avec lui aux jeux que Jupiter pratiquait avec le gracieux Ganymède. Le vigoureux novice considéra cet attentat comme une abomination, et jusqu'à la fin de sa vie, il refusa d'approcher un cordelier.

L'aventure franciscaine priva peut-être la chaire de saint Pierre d'un pape superbe et belliqueux, susceptible d'éclipser le prestige d'un Jules II. En tous les cas, Jules-César eût fait un pape aux mœurs plus conformes aux règles canoniques, dans une Rome où la sodomie posait moins de problèmes que de savoir s'il était licite de gober un œuf le vendredi. Ses penchants ne le conduisaient pas vers les bocages arcadiens où Marsile Ficin et Ange Politien conciliaient paganisme et christianisme, ni aux banquets par lesquels Laurent de Médicis célébrait l'anniversaire de la mort de Platon.

Rendu au monde des laïcs, le jeune belluaire consacra sa vigueur à la conquête du fort inexpugnable du sexe féminin. Il mit son humeur belliqueuse au service des lettres, de la philosophie et de la médecine. Il était arrivé en France l'année de ma naissance, dans les bagages de l'évêque d'Agen auprès duquel il s'était engagé pour huit jours. Le destin voulut qu'il y restât toute sa vie. Ce destin se prénommait Andiette, une fillette de treize printemps dont ce Goliath de quarante-cinq ans s'éprit comme un jouvenceau. Il l'épousa et lui fit quinze enfants, un exploit digne des patriarches de la Bible.

A l'époque où je le fréquentais, Scaliger était grand et vigoureux comme un héros mythologique. Il parcourait les rues d'Agen avec la supériorité d'un demi-dieu. Les indigènes le saluaient avec un respect dévotieux. Devenu l'idole des Gascons, il se donnait volontiers en spectacle, multipliant ses extravagances devant un public médusé. Il domptait les chevaux les plus rebelles, jetait à terre les jouteurs les plus fameux d'Aquitaine et soulevait des poids comme un lutteur de foire. Les habitants d'Agen ne s'intéressaient guère aux travaux du savant polémiste et peu d'entre eux, sans doute, ont mis le nez dans la foule de livres sortis de cette plume infatigable. Plus occupés à cultiver les prunes que les lettres, ces bonnes gens ne voyaient en lui que le médecin délivrant des ordonnances et l'athlète qui les régalait de ses folies.

Scaliger passait ses journées à recevoir ses malades et à rédiger de fracassants libelles. Certaines nuits, il lui arrivait de trousser plus de soixante vers. Après s'être échauffé la bile pendant quelques heures contre Erasme de Rotterdam ou Etienne Dolet, il éprouvait le besoin de décager ses colères par des exercices violents. L'ardeur militaire survivait toujours, aussi payait-il de sa personne en duels, escarmouches, luttes avec des hercules de village et autres folies. Le corps dompté, son âme cependant restait indomptable. Il était un peu fou, et pour attirer sur lui toutes les attentions, je pense qu'il feignait d'être plus fou qu'il n'était véritablement.

Le colosse était aussi ripailleur que batailleur. Lors de mes séjours sous son toit, il ne demandait qu'à encourager mon penchant pour les plaisirs de la table. Un jour, il fit rôtir une douzaine de canards gras sur les broches de l'imposante cheminée de sa cuisine. A lui seul il en dévora deux, en les arrosant copieusement d'un puissant vin de Gascogne. Il en aurait sans doute englouti un troisième si sa femme ne l'en avait dissuadé en lui rappelant ses récentes attaques de goutte. Il se leva en titubant et envoya la malheureuse Andiette à tous les diables avant de m'entraîner dans la rue : une irrésistible envie, disait-il, de se délarder l'échine. Tout le voisinage se retrouva bientôt sur la place de l'église, ameuté par les accents tonitruants d'une chanson populaire qu'il braillait d'une voix plus retentissante que celle du sieur Stentor de l'*Iliade*. C'était sa façon habituelle de convoquer son public.

Ce jour-là, j'ai bien cru assister à la fin héroïque et grotesque du colosse. Stimulé par les ovations de l'assistance, Scaliger retira son collet et son pourpoint, gonfla son spectaculaire poitrail et s'approcha des contreforts de l'église. Un jeune drôle, complice de ses exploits, lui tendit alors une longue pique sur laquelle il s'appuya pour grimper jusqu'au toit du sanctuaire. Les badauds de plus en plus déchaînés applaudissaient et scandaient en chœur : César, César ! Enivré par leurs vociférations, le bateleur escalada alors, à mains nues, la tour de pierre qui mène au clocher, s'engouffra dans le fenestron et fit sonner les cloches à toute volée.

⋆

Un gladiateur de la République des lettres ! Aucune autre image ne saurait mieux désigner Jules-César Scaliger. Et si je suis entré dans l'arène à mon tour, c'est parce que dans mes jeunes années j'étais pâmé d'une admiration sans réserve pour ce querelleur. Les vicissitudes de mon existence, les désordres et les scandales qui ont flétri mon nom à Paris et à Toulouse, m'ont éloigné du père d'adoption. Je suis seul responsable de notre séparation, car il n'y eut aucune rupture. La peur d'être jugé par mon maître m'a détourné de lui. Pusillanimité et lâcheté sont les deux traits les plus affligeants de mon caractère. Je m'en veux de n'avoir pas renoué un lien qui n'avait jamais été complètement brisé. En Italie, j'ai accompli ce qu'il attendait de moi. Le poète novice dont il a encouragé les débuts est devenu un professeur de renom. Lui écrire, lui envoyer mes livres, eût été un moyen délicat de lui témoigner mon affection et ma reconnaissance. J'ai trop attendu. A l'automne de 1558, la mort, le seul ennemi qui n'ait point tremblé devant lui, a terrassé ce géant.

⋆

Un quart de siècle s'est écoulé depuis le départ de celui qui m'avait poussé dans l'arène. A présent, je l'ai quittée, non sans tristesse. Les étudiants de Rome auxquels j'ai consacré vingt ans de ma vie se détournent inexorablement des beautés latines qui furent jadis le patrimoine de l'Italie. Du moins suis-je aujourd'hui en paix avec les érudits encore vivants. Le temps des batailles est passé. Hélas, ni le prestige de mes écrits et de mes enseignements, ni la réputation que j'ai acquise dans les pays d'Europe, ni mon dévouement pour cet idéal qui a guidé toute ma vie, ne pourront me consoler du discrédit qui frappe les études littéraires. Aujourd'hui, l'université de Rome tient plus du lupanar que du jardin de Platon. La postérité se souviendra peut-être de mes écarts de mœurs, mais n'aura sans doute cure de mes écrits. Les brillants professeurs et les poètes latins de ma génération sont condamnés à l'oubli. En réaction, triompheront les langues vulgaires et les lettres nationales. L'enthousiasme, l'idolâtrie que nous avons témoignés aux Anciens, notre foi dans leurs sublimes beautés, notre soumission à ces maîtres incomparables, la confiance que nous avons placée dans ces inspirateurs d'idéal, dans leur puissance de renouvellement des connaissances, s'éteindront avec le siècle.

Dans une Europe ravagée par les guerres des empereurs, des rois, des princes et des papes, alors que grandes nations et Etats minuscules se déchiraient, quand les catholiques égorgeaient les huguenots, quand les calvinistes massacraient les papistes, dans un monde sanguinaire où l'on brûlait des villes, des livres et des hommes, sous les plus mauvais gouvernements, dans des provinces sans cesse envahies ou menacées d'invasion, de guerres civiles et de luttes religieuses, dans une époque de bûchers où toute pensée libre était réprimée, un groupe d'hommes, faisant fi des frontières et des divergences d'opinion, des hommes animés par le seul idéal de beauté, ont su établir une République des lettres qui s'étendait du Danemark au Péloponnèse, d'Angleterre jusqu'à la Vistule. La plupart étaient poètes et tous honoraient les Muses latines. Alors que les poètes de langues modernes ne jouissaient que d'une notoriété nationale, ceux qui écrivaient en latin étaient honorés dans tous les pays civilisés. Grâce au passeport unique que leur offrait la langue commune, ils ont voyagé, fréquenté les cours, enseigné dans les collèges et les universités de tous les pays. Certains ont occupé des postes considérables dans les affaires politiques, les administrations, les ambassades, les parlements, les armées. Si cette valeureuse brigade comprenait un lot d'obscurs courtisans en mal de rentes et de modestes prêtres de collèges, elle pouvait aussi se flatter d'avoir abrité d'illustres personnages, des savants, des conseillers de Cour, des précepteurs de futurs rois, des mécènes, des évêques, de grands capitaines et quelques papes.

Cette glorieuse confrérie m'a accueilli alors que je n'étais encore qu'un jeune homme folâtre, un cadet pétri de contradictions, mais exalté par le rêve d'une société idéale où règne l'harmonie accomplie par l'étude des lettres.

Comme toutes les familles, nous avons connu de violents orages. Nous nous sommes aimés, nous nous sommes querellés. Les invectives n'ont pas manqué, car tous n'étaient pas des phénix. Ceux qui font profession d'ignorance se laissent souvent aller à franchir librement les bornes de leur profession en devenant impudents. Non contents de gloser les textes et les discours des autres, ils ont l'outrecuidance de singer les savants, d'interpréter sottement leurs écrits en espérant se faire un nom par leurs médisances. L'élite elle-même participait à ces discordes. Elle comptait autant de paisibles poètes élégiaques que de ferrailleurs à la verve injurieuse, ne reculant ni devant la calomnie, ni devant la mauvaise foi. Autant que certains et même plus que d'autres, j'ai pris part à ces chicanes, avec une véhémence qui ne s'est apaisée qu'avec l'âge.

Comme dans toutes les fratries, l'ambition, la jalousie, le dépit rancuneux, les divergences d'opinion ont brisé bien des amitiés. J'ai été trahi par Lambin, qui était mon ami. Je me suis vengé en attaquant ses écrits, au lieu de me dire avec philosophie : si un ami te trahit, il ne faut pas gémir, car tu n'as rien perdu. J'ai dévoré certains affronts dans le silence, mais je ne les ai pas oubliés. Pitance indigeste, mais parfois si profitable plus tard !

La fatalité qui m'a contraint à l'exil fut brocardée par Théodore de Bèze, cette vieille grièche toujours en quête d'une proie à écorcher : « Pour un penchant contre nature, Muret fut chassé de France et de Venise, et pour le même penchant, il a été fait citoyen romain ! » Je répondrai à ce Bourguignon devenu citoyen de Genève qu'il faut grande vertu pour railler ainsi, ou plaisante hypocrisie. Son quolibet m'a toujours semblé matois. Sous l'apparence du blâme, s'y déguise peut-être quelque secrète apologie. Dans sa jeunesse, comme bien des latinistes, Bèze a quelque peu négligé la jurisprudence en faveur de Virgile et de Catulle. Qui se souvient encore qu'en 1550, le futur président de la Compagnie calviniste s'était enfui de France pour se soustraire comme moi à une arrestation ? Le parlement de Paris l'avait condamné à mort par contumace à cause de l'extrême passion qu'il portait au jeune écolier Audebert, le « mignon Audebert » qu'il évoque si voluptueusement dans ses poèmes latins. Bèze à Genève, Muret en Italie ! Sa raillerie, un hommage rendu au vice par le vice ? Aujourd'hui, la vérité sur l'exil et les mœurs de Théodore de Bèze m'importe peu. Beaucoup d'eau a coulé sous les ponts du Rhône et du Tibre depuis cette époque. En vérité, je le crois innocent. Pour perdre un ennemi, il suffisait de l'accuser du crime qui dans la Bible avait fait embraser de soufre et de bitume des cités entières. *Sed ista omittamus !*

⋆

Adolescent, je scandais Horace sous les chênes séculaires des forêts limousines, en rêvant de Rome et de la villa de Tivoli où le poète se reposait sous de frais ombrages au bord de délicieuses cascadelles. Mon rêve est accompli. Fatigué de Rome, j'ai trouvé dans ma villa du Quirinal un asile sûr et confortable. La solitude et l'étude sont les efficaces huissiers qui me préservent désormais de la curiosité des importuns et des intrigants de la ville. Je n'ouvre ma table, ma bibliothèque et mon cellier qu'à mes intimes et à quelques étrangers de passage à Rome. Les lauriers flétrissent toujours, tôt ou tard. La bizarrerie du destin m'a fait homme d'Eglise. Aussi, pour mon salut, ne devrais-je plus songer qu'aux palmes du Ciel, celles qui demeurent éternellement florissantes. Mais l'habit ne fait pas le saint. *Vulpem pilum mutare, non mores!* Renard a beau changer de fourrure, ses mœurs restent celles du goupil. Une robe de prêtre n'est pas un sauf-conduit pour le banquet des bienheureux.

CHAPITRE VI

Je ne veux pas qu'on emprisonne ce garçon, je ne veux pas qu'on l'abandonne à la colère et humeur mélancolique d'un furieux maître d'école : je ne veux pas corrompre son esprit, à le tenir à la géhenne et au travail, à la mode des autres, quatorze ou quinze heures par jour, comme un portefaix : Ni ne trouverais bon, quand par quelque complexion solitaire et mélancolique, on le verrait adonné d'une application trop indiscrète à l'étude des livres, qu'on la lui nourrît (...). J'ai ouï tenir à gens d'entendement, que ces collèges où on les envoie, de quoi ils ont foison, les abrutissent ainsi.

Michel de Montaigne,
Essais, I, XXV,
« De l'institution des enfants ».

Poitiers ne fut pas la première ville où j'ai enseigné. C'est à Auch que je suis monté en chaire pour la première fois. J'avais dix-neuf ans. Mon père, qui se réjouissait un peu trop de mes dispositions oratoires, voulait me persuader de choisir le barreau, une profession bien plus lucrative que les lettres. Les *Institutes* de Justinien, les commentaires des anciens jurisconsultes, les verbeux traités de Baldus le hérissé, toute cette science austère et rébarbative ne s'accordait pas avec mon tempérament. J'inclinais davantage vers les grâces de Tibulle, de Properce et de tous les poètes qui chantent les jouissances de la vie.

Par testament, le cardinal de Clermont-Lodève avait fait une donation en faveur des pauvres. Son successeur, le cardinal François de Tournon, mit à exécution ce legs en fondant à Auch un collège pour les enfants des classes défavorisées. Selon ce prélat, « il n'est pas de plus grande indigence que l'ignorance ». Son collège avait ouvert ses portes à l'automne 1543. J'y fus invité vingt mois plus tard, peu après ma première visite à Jules-César Scaliger.

Mon séjour dans la capitale de Gascogne fut de courte durée. Le temps d'initier mes élèves aux splendeurs de Cicéron et de Térence, de composer quelques églogues en l'honneur du cardinal d'Armagnac, de bragarder avec certains collègues – pour les gourmands, la terre gasconne est une Cocagne – et je quittai les rives de la rivière Gers pour celles du Lot.

A cette période de ma vie, j'étais possédé par un démon d'instabilité qui me poussait à migrer comme un oiseau de passage. Tourmenté sans cesse par un mystérieux instinct d'évasion, je rêvais de bords inconnus, de visages nouveaux, d'aventures insolites. Ame désordonnée, je ne pouvais me fixer nulle part, croyant qu'un autre lieu comblerait mieux mes impatiences. En réalité, j'ignorais ce que je cherchais. Pour les jeunes gens inquiets, le mot *ailleurs* est frété d'autant d'espérances que d'illusions. Dans cette disposition, j'abandonnai Auch pour Villeneuve d'Agen où le sieur Brévant, un marchand cousu d'or, voulait me confier l'éducation de ses fils. La fortune de ce bourgeois était assez récente. Ploutos, le dieu de l'opulence, était fils de Déméter la déesse des moissons. C'est ce que dit Hésiode, et sans doute serait-il navrant d'accuser un Grec de mensonge. Les champs ne prospèrent que pendant la paix des armes et la bonne justice voudrait que nul ne s'enrichisse pendant les guerres. Mais le monde est ainsi fait, certains bâtissent leur fortune grâce aux calamités. Cette triste vérité s'appliquait au cas du sieur Brévant. Le Crésus de Villeneuve était un homme grossier, inculte et plein de morgue. Ses enfants ne valaient pas mieux. Je me demande de quelle manière la famille Brévant a continué de prospérer. Le chef de cette petite dynastie, las de vivre parmi les marchands, aura sans doute acheté une terre et un titre. A l'époque, il nourrissait déjà de grandes ambitions pour ses héritiers. Pour ces deux pourceaux, il était prêt à tous les sacrifices. Il m'avait engagé pour leur enseigner le latin à domicile, car, soucieux de se montrer à la hauteur de sa fortune, il ne voulait pas laisser ses morveux se commettre avec les garçons de l'école publique. N'ayant aucun scrupule à prendre l'argent où il se trouvait, j'ai exigé un salaire de précepteur princier. Inspiré par un sot et vaniteux caprice, le satrape m'en offrit le double. Ce Brévant était excessif en tout. Transporté de joie, il se livrait à des éclats de rire si bruyants qu'on était tenté de le croire atteint de folie. Contrarié par quelques broutilles, il se faisait chagrin au point que rien ne pouvait le consoler. Croisait-il une aimable servante lors d'une promenade, elle devenait aussitôt Vénus en personne sortie de l'onde pour enchanter les dieux et les mortels. Si un de ses amis le piquait d'une petite saillie, il était *ad nutum* traité de « monstre hideux et dégoûtant ». Rentré d'un repas chez un officier de la ville, il en parlait comme s'il revenait de la table du somptueux Lucullus. Grand faiseur d'hyperbole, il exigeait en retour d'être applaudi sur toutes les grossièretés qui sortaient de sa bouche, un défaut ordinaire de ceux qui, dédaignant de polir leur mauvaise éducation, préfèrent trompetter leur ignorance par des bons mots et des mauvaises plaisanteries.

En payant aussi généreusement mes leçons, Brévant faisait de moi son obligé, une sorte de domestique de haut rang qui proclamerait *urbi et orbi* sa princière munificence. Les bienfaits imposent toujours une espèce de joug dont les ingrats sont bien aise de s'affranchir. Je ne voulais pas me montrer ingrat, mais je trouvais le système bien étrange : ne donner que pour assujettir ressemble à une sorte d'usure qui profite des besoins d'un étudiant sans que cela soit à perte ! Pendant mes rares moments de liberté, j'allais donner quelques leçons à l'école publique de la ville. Cette initiative déchaîna le courroux du grotesque Mécène. Il fulmina jusqu'au délire et sa rage redoubla lorsque je me mis à rire, car, bien décidé à reprendre ma liberté, n'ayant donc plus rien à perdre, je répondis à ses vociférations avec hilarité avant de tirer ma révérence. En claquant la porte, je lui signalai que j'étais très heureux de rompre, trouvant que c'était pitié de jeter des perles latines devant les vilains groins de sa géniture.

Cette lamentable expérience n'a pas refroidi mes ardeurs pédagogiques, bien au contraire ! Mais je me suis juré de ne plus jamais entrer au service d'un particulier.

La condition de professeur errant s'accordait fort bien à mon humeur pérégrine. Bâton en main, un sac avec mes hardes et mes livres au dos, je pris le chemin de Poitiers.

*

La charge de professeur est certainement la plus élevée et la plus généreuse, mais il faut une vocation d'apostolat pour l'exercer avec noblesse. Si j'ai choisi d'étudier tout seul, sans le secours d'aucun professeur, c'est parce que ceux que j'ai approchés dans ma jeunesse ne concordaient ni avec mes enthousiasmes ni avec mes convictions. Dans la plupart des écoles françaises, les études étaient alors dans un état déplorable. Il me répugne de citer Denys Lambin, cet iscariote qui est mon meilleur ennemi, mais je ne puis qu'opiner en lisant l'épître dédicatoire en tête de ses commentaires sur Horace : « Dans les écoles françaises, les meilleurs écrivains de l'Antiquité étaient ignorés ; on y méconnaissait la beauté et la pureté de leur langue. On n'y parlait qu'un latin rustique et grossier. La philosophie y était sans solidité et sans clarté ; on y agitait de petites questions qui, par leur inutilité, ne valaient pas la peine qu'on se donnait à les traiter. Les disputes, quoique vives, ne roulaient guère que sur des mots ou des sujets extrêmement frivoles. On croyait avoir bien raisonné quand on avait bien sophistiqué. Des livres hérissés de noms et de mots barbares occupaient également les professeurs et les auditeurs, les maîtres et les disciples. A peine connaissait-on les noms d'Homère, de Pindare, d'Eschyle, de Sophocle, d'Euripide. On ne lisait pas davantage Platon, Xénophon, Théophraste, Plutarque. Aristote même n'était expliqué que d'après de mauvaises traductions latines, et combien peu encore se donnaient la peine de l'expliquer ! » Je ne me rappelle plus quel autre savant a raconté que lorsqu'il arriva à Paris pour y étudier à l'Université, il trouva son premier professeur si ignorant qu'il le jugea plus apte à instruire des pies et des geais enfermés dans des cages, qu'à donner des leçons à la jeunesse. Il ne fut pas plus heureux en s'adressant à un second puis à un troisième maître. Au lieu de mettre entre ses mains les livres admirables de Démosthène et de Cicéron, ce dernier le condamna à lire le misérable traité de Philelphe sur l'éducation des enfants, un livre rempli de fadaises. A la place d'Euclide, de Ptolémée, de Platon et d'Aristote, ces pompeux régents n'avaient à la bouche que modalités, termes, réduplications, oppositions et autres artifices de vains sophistes.

A vingt ans j'étais bien décidé à rompre avec les méthodes d'enseignement en vigueur. Pour la plupart des maîtres, instruction signifiait dressage et je ne sache pas que, même pour le domptage des chevaux ramingues ou des chiens indociles, on ait usé de méthodes plus barbares que celles de ces féroces barbacoles. Pas d'instruction sans fouet ! La verge était l'argument pédagogique suprême. Dans les écoles et les collèges, instituteurs, précepteurs, professeurs, directeurs de conscience, régents, théologastres et sorbonicoles s'en donnaient à cœur joie sur les culs des écoliers comme sur des tambours. Ces maîtres, imbus de préjugés, exaltés par leurs propres passions et égarements, trouvaient sans doute un exutoire dans la cruauté avec laquelle ils martyrisaient leurs victimes. J'en ai côtoyé certains, des caractères faibles et étroits, qui croyaient montrer de la fermeté en cultivant leurs pratiques flagellatoires avec un zèle odieux.

Quelques voix d'humanité et de sagesse se sont élevées pendant le siècle pour blâmer ces procédés. Dans ses *Colloques*, Erasme de Rotterdam a voulu flétrir « le fouet, principal ressort de l'éducation des collèges ». Son mordicant disciple, François Rabelais, qui aimait le maître hollandais autant que je chérissais mon Scaliger – au point de lui écrire : « Je vous nomme mon père, et je dirais même ma mère, si vous m'y autorisiez » – fait dire à Monsieur Ponocratès à propos du collège Montaigu : « Si j'étais roi de Paris, je mettrais le feu dedans et ferais brûler principal et régent qui tolèrent cette inhumanité. » Voici quelques années, j'ai revu Michel de Montaigne, mon ancien élève du collège de Guyenne de Bordeaux où j'avais enseigné après mon départ de Poitiers. A quatorze ans il avait joué le premier rôle dans la tragédie sur la mort de Jules César que j'avais écrite pour plaire à Gaspara. Il voyageait en Italie et s'était arrêté à Rome à l'automne de 1580. Les douaniers romains avaient confisqué les livres qu'il avait emportés pour son voyage, y compris un recueil intitulé *Essais* qu'il venait de publier à Bordeaux. Il n'a recouvré son livre qu'au printemps, grâce au père Fabri, le maître du Sacro Palazzo. Avant de quitter Rome pour Lucques, Montaigne m'a offert ce volume. Dans cette fricassée à la fois monstrueuse et admirable, cet homme épris d'absolu essaie de comprendre et de résoudre les difficultés que pose l'existence. Livre éblouissant et troublant, corne d'abondance où l'on peut puiser sans jamais la tarir, véritable Odyssée de la raison humaine.

Dans le chapitre de l'éducation qu'il écrivit pour Diane de Foix, Michel de Montaigne stigmatise lui aussi ces maîtres ivres de colère, guidant d'une « trogne effroyable, les mains armées de fouets, des enfants hurlant comme des suppliciés ».

En écrivant ces lignes, la mélancolie m'envahit. Je ne reverrai plus mon ancien élève. Comme lui, j'ai survécu au deuil d'un ami. Lors de son séjour à Rome je n'ai pas eu le courage d'évoquer cette épreuve. Or, c'est avec lui, lui seul, que j'eusse aimé aborder cette douleur. « Depuis le jour que je le perdis, je ne fais que traîner languissant, et les plaisirs qui s'offrent à moi, au lieu de me consoler, me redoublent le regret de sa perte. Nous étions à moitié de tout : il me semble que je lui dérobe sa part. » J'ai si souvent relu le discours sur l'amitié de Montaigne que je pourrais le réciter de mémoire, comme un prêtre dévot disant laudes et matines sans même ouvrir son bréviaire. Lorsqu'il dit que son ami Etienne de La Boétie eût préféré naître à Venise plutôt qu'à Sarlat, mon cœur se brise comme une coquille, car c'est à Venise que j'ai perdu celui qui comptait plus que ma vie. Je n'ai pas le discernement ni la force d'âme de Michel de Montaigne. Par mes goûts, j'ai toujours, malgré les apparences récentes, dédaigné d'être un homme sérieux, un choix ou une fatalité qui ne m'ont nullement empêché d'être un homme profond. Sans doute suis-je né trop tard, car mon sort eût été plus fortuné si j'avais respiré à Florence dans les premières années de ce siècle. Le concile de Trente a sonné le glas de bien des gaietés et délices qui enchantent ma vie.

Le temps présent se refusant aux hommes de mon espèce, je me réfugie dans une nostalgie dolente et voluptueuse qui me permet de ne pas renier ma jeunesse.

CHAPITRE VII

Nulla placere diu nec vivere carmina
possunt, quae scribuntur aquae potoribus.

Des vers écrits par des buveurs d'eau
ne peuvent plaire ni durer.

Horace, *Epîtres*, I, XIX.

Auch, Villeneuve, Poitiers et Bordeaux ne furent que des gîtes d'étape. Poète et professeur vagabondant, j'errais comme une abeille sans ruche. Les mouches à miel obéissent à des règlements auxquels j'étais incapable de m'astreindre. La rigidité de ceux du collège de Guyenne ne pouvait que rebuter un cadet aussi déboutonné que moi. Le règlement imposé à cette école par les jurats de Bordeaux voulait que les régents portent chaperons et robes talaires, qu'ils obéissent à la lettre au principal et qu'ils vivent en « bonnes mœurs » pour servir d'exemple de vertu aux étudiants. Bien que sans diplôme, je m'estimais assez qualifié pour commenter l'*Andrienne* et l'*Eunuque* de Térence, en revanche je n'étais pas assez pharisien pour inculquer à mes élèves des principes de vertu.

Mes habitudes n'étaient pas « vertueuses » et comme je n'en voulais point changer, la discipline du collège me semblait particulièrement escouilleuse. Par *vertu*, les magistrats bordelais entendaient *bonnes mœurs*, une acception très étroite du terme. Mes mœurs, si semblables à celles des anciens habitants de la ville de Sybarie, étaient-elles bonnes ou mauvaises ? Je ne me torturais pas avec cette question, car je n'entendais la vertu que dans le sens antique de *virtus*, c'est-à-dire énergie et force d'âme. Je m'estimais d'autant plus « vertueux » que ce courage-là, je le mettais joyeusement au service de la volupté. L'indécente bizarrerie de ce sophisme peut choquer les âmes innocentes, mais pourquoi mentir ? A vingt ans, je regardais la vie comme un songe fugace auquel il fallait s'abandonner. Le plaisir était mon idéal, jouir était ma loi.

Bordeaux comptait beaucoup d'adeptes de cette philosophie, des gorets d'Epicure aussi accostables que ceux de Poitiers. Je me suis vautré dans leur bauge pour me consoler de mon échec auprès de Gaspara mais sans doute aussi parce que j'étais vraiment paillard, peut-être moins par choix que par complexion. Comme bien des poètes, j'ai troussé des kyrielles d'élégies amoureuses. Les « amours » étaient la banalité poétique en vogue à cette époque. Les miennes étaient de la plus artificieuse invention, ce qui ne m'empêcha nullement de les soumettre à mon collègue, le professeur Antoine de Gouvéa. De vingt ans mon aîné, poète latin couvert de lauriers, Antoine était un homme chaleureux, bienveillant et peu soucieux de rivaliser avec qui que ce fût. Au rebours de bien des savants chicaneurs nantis de plus de griffes que de talent, Gouvéa n'a jamais usé d'armes empoisonnées. Il n'y avait en lui ni envie, ni mauvaise foi, mais seulement cette liberté tranquille et courageuse qui permet aux hommes supérieurs d'admirer sans excès servile et de désapprouver sans malignité. Antoine était un grand jurisconsulte. Il a ri lorsque je lui ai avoué mon peu de goût pour la science juridique. D'un geste paternel, il a posé sa main sur mon épaule pour me chuchoter à l'oreille : « Quand j'avais ton âge, j'ai étudié le droit à Toulouse puis à Avignon. Après quelques saisons, j'en fus dégoûté au point de renoncer à cette austère discipline pour ne plus m'attacher qu'aux Muses. J'étais jeune et dénué de toute ambition. Combien de novices ont passé leurs veilles à rédiger des traités destinés à l'approbation universelle ? Leur quête me semblait alors aussi présomptueuse, aussi vaine que celle des fous cherchant la pierre philosophale. Au lieu de faire parade de rhétorique avec des matières épineuses comme la politique ou la morale et de me torturer avec de fausses subtilités, je me suis égayé avec les délices du monde en composant des poèmes érotiques et satiriques. Le recueil que j'ai publié à Lyon a paré mon jeune front de quelques lauriers. Je n'en tire aucune gloire, car ils sont fanés depuis longtemps. La célébrité est un tyran. Elle réduit à l'esclavage cette noble portion de l'âme qui, née libre, doit rester affranchie de toutes les chaînes. »

Ce bref discours sur la vanité des honneurs était une délicate réponse à l'épigramme que je lui avais envoyée la veille, un petit poème assez obséquieux qui le qualifiait de « plus grand poète depuis des générations ». Je le suppliais d'user de sa lime sur mes vers, des vers qui verraient le jour s'ils recevaient son approbation, mais qui seraient détruits s'ils déplaisaient à un si grand homme. Antoine de Gouvéa aurait pu corriger ces méchants vers, y remettre un peu de structure et d'harmonie, repolir certains endroits. Il aurait tout aussi bien pu railler et m'accuser de flagornerie. Il préféra une voie plus fine, plus douce, plus subtile.

Lorsque mon *Jules César* fut joué à l'occasion de la fête du collège, Antoine se montra aussi discret dans l'admiration que dans la critique. La pièce fut applaudie à l'excès par les élèves et amis et décriée à outrance par certains régents. Antoine a chaudement complimenté les jeunes acteurs, et tout particulièrement le petit Michel de Montaigne qui avait scandé mes vers alexandrins avec une rectitude quasi romaine. J'étais peiné par le peu d'enthousiasme de mes collègues, et par l'éloquent silence du principal, le rigide Gélida, un vieux hibou morose et sourcilleux que mes fréquentations *extra muros* agaçaient au plus haut point. Me voyant dépité, Antoine m'a conduit à l'écart pour me dire, avec son laconisme habituel : « On estime toujours l'opinion lorsqu'elle vous est favorable, il est plus difficile de la révérer quand elle vous est contraire. Beaucoup d'auteurs ont pour leurs productions la molle indulgence d'un père, alors qu'ils devraient les regarder avec plus de sévérité. »

Avec cette tragédie, je ne prétendais pas à rivaliser avec Sénèque, ni même avec l'*Alceste* ou le *Jephté* de George Buchanan, le prince des poètes latins qui avait enseigné peu avant moi au collège de Guyenne et dont les pièces avaient été jouées par les mêmes élèves. Gaspara m'avait suggéré de l'écrire. J'ai honoré cette « commande d'amour » avec l'exaltation naïve du débutant. Ce n'était qu'une pièce de circonstance, six cents vers scolaires dépourvus d'inspiration, façonnés pendant les rares moments de répit que me laissaient pédagogie et ribauderie.

En vérité, j'étais aussi engoué de ribauderie que de pédagogie. Une perpétuelle envie de décharger mon flegme ! Les occasions de débauche ne manquaient pas : étudiants folâtres, traîneurs d'épée, valets désœuvrés qui ne pensent qu'à se branler la pique, clercs lubriques, canailles, ivrognes et chiens de luxure dressés au poil comme à la plume. Au grand scandale de la bonne compagnie, je m'étais pris d'affection pour un poète de Bordeaux jugé infréquentable.

François Moncaud sortait du ruisseau et sa

Muse n'était ni tragique ni épique, mais voluptueuse, buveresse et, pour le dire crûment, cloacale. Le compérage avec ce drille me réjouissait. C'était un brunet hirsute, un peu court sur pattes, mais pourvu de cuissots bien gigotés, d'un torse d'Hercule et de reins cambrés. Surgeon de la souche robuste des paysans de Gascogne, ce rustaud mettait en valeur sa complexion charnue et sanguine par un accoutrement « artistiquement » débraillé : des chausses élimées, lustrées et trouées aux protubérances, épousant comme une seconde peau sa croupe, ses cuisses et ses mollets, une braguette impudique qui moulait ses formes secrètes aussi exactement qu'un gant montre celles de la main, une chemise largement ouverte sur une toison de Silène, le tout affiché avec une crânerie de nature à tourmenter des plus vertueux que moi. Moncaud était une hybridation de faune, de satyre, d'Orphée et de Diogène, un rescapé du vieux magasin païen égaré parmi les bourgeois de Bordeaux. Pour les « culistes » il aurait fait un mets de premier choix. Moncaud, hélas, était de religion « coniste », dévotement « coniste », et sa ferveur lui interdisait toute forme d'hérésie. Mais le gaillard savait être magnanime. De dix ans mon aîné, il usait volontiers de son rang d'ancienneté pour jouer au grand frère. Il m'entraînait dans les cabarets et lieux de débauche des bas quartiers où s'ivrognent, s'ébaudissent et se soulagent gredins et charlatans, fripiers et vendeurs d'emplâtres, courtières d'amour, maquereaux et putains, vide-goussets et joueurs de dés.

Quand nous étions bien échauffés par la boisson, Moncaud capturait une ribaude d'une main et m'empoignait de l'autre pour nous traîner tous deux vers une des cellules du fornicatorium. Généreusement, il me proposait jouissance par indivis, mais je n'avais aucune envie de travailler avec lui au même atelier d'amour, car la gueuse me laisse de marbre. Le divertissement que l'ami Plaute appelle *connatio*, c'est-à-dire l'estocade d'amour en triumvirat, m'aurait gonflé d'ardeur féconde avec Giton ou Ganymède dans le troisième rôle, mais certainement pas avec Catinette ou Flora. Je me contentais donc de tenir la chandelle et je dois avouer que je la tenais le plus près possible de mon ithyphallique compère pour m'en repaître par procuration et contemplation.

Le récit de ces priapées déshonore sans doute la plume d'un savant et semble encore plus abominable venant d'un prêtre. Mais, pour être homme d'Eglise on n'en est pas moins homme. Ayant entrepris de me raconter, je veux le faire sans fard. Dieu m'a créé sans mon consentement et m'a fait comme je suis. Je mentirais si je ne relatais que les belles actions de ma vie. La vertu simulée est un double vice. Longtemps j'ai été un idolâtre de la volupté et je ne sais si je dois faire l'Héraclite ou le

Démocrite en me remémorant dans ces misérables cahiers le théâtre de mon existence. M'égarer dans les sombres labyrinthes de la vérité avec le penseur d'Ephèse ou me dérider avec le philosophe hilare ? Je préfère le rire. A la fin de la comédie, ceux qui liront ces confessions ne pourront m'accuser de dissimulation. Quand la mèche d'une lampe est presque éteinte, ses dernières lueurs étincellent plus vivement. Cette flamme me réchauffe la moelle. Hier soir, le dos devant le feu et le cul calé dans la caquetoire, je me suis échauffé la rate avec un flacon de vin velouté. Habile entremetteur de songerie, ce nectar m'a conduit dans les lupanars de Bordeaux et m'a dicté la page sur François Moncaud. Ce diable d'amour a hanté ma nuit par un rêve crispant et poisseux : il dormait près de moi, nu, le poitrail et le ventre mouillés de sueur fauve. Sur ses mains, son bras, à son cou et sur son formidable persuasif d'amour se gonflaient en embranchements bleuâtres d'épaisses veines gonflées de sang, de sève et de fièvre. Mais le rêve fut comme la vie. Une fois encore, j'étais condamné à rester le spectateur spolié. Alors que je m'apprêtais à faire lever mon lièvre pour le mener enfin au gîte, le faune endormi s'est mystérieusement évaporé et soudain, fâcheux miracle, Moncaud m'est apparu comme un saint en majesté, debout sur un nuage, vêtu d'une tunique pourpre, palme à la main et le visage nimbé de cet éclat que les peintres figurent par la sainte auréole. Je me suis réveillé en sursaut, mon cœur battant à se rompre. Qu'est-il devenu, l'affolant visiteur de ma nuit tourmentée ? Pécheur repenti dans quelque couvent ? Chair d'hospice ou martyr d'amour tombé sous le poignard d'un mari jaloux ? Et que sont devenus ses resplendissants poèmes obscènes ? Les éditeurs du temps étaient bien trop timorés pour mettre au jour un recueil de ce Catulle gascon. Je suis heureux d'avoir célébré ton talent, mon cher Moncaud, et d'autant plus fier d'avoir chanté tes grâces, que mon poème à ta gloire m'a fait essuyer le mépris de mon patron, le triste Gélida, et les reproches de tous les vertueux, tous les hypocrites de l'honorable société de la ville.

Ma notoire paillardise offusquait tous ces cafards, mais ils fermaient plus ou moins les yeux car mon enseignement contribuait efficacement à la prospérité du collège. Les plus indulgents considéraient mes écarts comme des péchés de jeunesse et m'invitaient paternellement à réfréner mes appétits. Les prédications pour la tempérance ne s'intéressent souvent qu'à deux vices : lubricité et ivrognerie. Je faisais litière de tous les sermons et m'adonnais joyeusement aux deux, car je n'avais point trouvé meilleur antidote contre l'ennui et la mélancolie.

Pour détourner les jeunes gens de l'ivrognerie, les Lacédémoniens traînaient devant eux des esclaves qu'ils avaient enivrés. Le spectacle de l'abrutissement qui accompagne l'ébriété faisait, paraît-il, forte impression sur ces jeunes esprits. A Bordeaux, il n'était nul besoin de demander ce genre de service à des valets. Quantité de citoyens honorables prenaient volontiers sur eux le rôle des esclaves de Sparte, y compris dans le corps des professeurs. J'ai connu un maître de jurisprudence de l'Université qui ne faisait que boire, dormir et patrociner devant de rares élèves. Il chancelait en montant au pupitre et interrompait souvent ses leçons pour filer en catimini vers de secrètes buvettes. L'université de Bordeaux ne jouissait pas d'une grande réputation. On y enseignait à vau-l'eau. Le désordre fut tel que les étudiants en vinrent un jour à intenter un procès à leurs professeurs pour les obliger à assurer leurs cours régulièrement.

Des prélats aussi, j'en ai connus de bachiques, en France comme en Italie, y compris parmi l'élite. A Paris, j'ai frayé un temps avec le coadjuteur d'un évêque, un garçon d'illustre naissance qui servait Dieu et le siècle par roulement. Tiraillé sans cesse entre délices du monde et mépris du monde, il se réconfortait au vin blanc. Je le taquinais souvent en invoquant la dignité de son sacerdoce et le salut de son âme. A chaque fois il me répondait, en citant Hippocrate, que ce breuvage était un souverain préservatif contre la peste. Avant de monter en chaire, il ondoyait ses cordes vocales à grandes lampées, puis gravissait en titubant l'escalier de la tribune. Agrippé des deux mains au rebord en velours, il contemplait longuement l'assemblée des fidèles avec des yeux de veau égaré. Et soudain, son regard s'enflammait, et d'une voix tonnante, il se mettait à exhorter à bride abattue : « Quelle plus utile et profitable, plus nécessaire et urgente pensée pouvons-nous, devons-nous avoir que celle de l'Enfer ? »

Le vin délie la langue et rend l'esprit prompt et hardi. Une ancienne sentence grecque dit qu'il est le grand cheval des poètes.

C'est à Bordeaux que j'ai enfourché le Pégase dont le sabot fait jaillir la fontaine d'Hippocrène, et depuis, je me suis toujours cramponné à sa crinière. Gaspara m'avait initié au culte du vin, mais le véritable noviciat, je l'ai fait en Bordelais, sous la direction d'une joyeuse confrérie de buveurs.

Quelques jours après la fête du collège, j'ai reçu une invitation d'un jeune gentilhomme de Saint-Emilion, un certain Paschal de Delebecque. Son frère cadet, acteur de Cassius dans ma tragédie, lui avait raconté que j'expliquais les poètes anciens avec beaucoup d'inspiration et que je n'étais pas un de ces biberons trigauds prêchant la sobriété et buvant en cachette. Je me suis donc rendu à Saint-Emilion où j'ai été admis séance tenante dans la joyeuse académie de buveurs que Paschal de Delebecque venait de fonder. Cette petite chevalerie bachique comptait une vingtaine de membres, des jeunes gens de mon âge venus de diverses provinces pour étudier à l'université de Bordeaux parce qu'elle était assise dans les vignes. Ils se sont appelés les « Œnosophes » pour ce que, disaient-ils, bouteilles et tonneaux recelaient plus de sagesse et de vérité que tous les traités de philosophie réunis. Tous ces bons enfants se moquaient des doctrines, systèmes, controverses et exégèses, mais vénéraient la poésie et la musique.

Les Delebecque habitaient une maison forte datant de l'époque où le roi Jean sans Terre avait octroyé aux bourgeois de Saint-Emilion privilèges, franchises et libres coutumes. Depuis des générations, les chefs de cette famille siégeaient à la Jurade qui veille sur la qualité des vins produits dans les diverses paroisses de sa juridiction. Le banquet auquel j'ai été convié avait lieu dans une ancienne salle d'armes située au sous-sol de la demeure. L'académie des Œnosophes, qui inclinait davantage aux pampres et lierres de Dionysos et d'Apollon qu'aux symboles du belliqueux dieu Mars, voulait en faire un temple des Muses. Ses membres m'avaient invité pour présider à son inauguration.

En guise d'ouverture, j'ai lu quelques poèmes bachiques d'Anacréon, de Martial et d'Horace, avant de prononcer un éloge de Decimus Ausone, le poète bordelais qui, le premier, avait célébré le vin de sa patrie.

Suivant la coutume des Romains, nous avons bu

trois fois en l'honneur des trois Grâces au début du repas et neuf fois en l'honneur des Muses à la fin. Aux Grâces, pour que la cordialité règne parmi les convives, aux Muses, pour qu'elles leur inspirent de belles chansons.

J'ai assisté à tous les banquets, séances ordinaires et extraordinaires de l'académie des Œnosophes. Nous avions notre habit : une grande robe mi-verte mi-jaune et le coqueluchon à grelots dont s'affublent les fous, car nous pensions qu'œnosophie était sœur de morosophie. Folle sagesse ou sage folie, pour nous c'était Carnaval toute l'année.

Coupe en main, nous nous lancions des défis biscornus, tout en frondant les professeurs et les magistrats, blasonnant le clergé et accompagnant nos libations de musiques en vogue chez les étudiants, des chansons bachiques, égrillardes et bouffonnes de Claudin de Sermisy, Nicolas Gombert et Pierre Certon. La joie s'épanchait de nos jeunes cœurs comme le vin des bouteilles. Nous étions *fratres gaudentes*, frères de joie poussant à l'excès l'esprit d'indépendance. Aucun de nous n'était absorbé par les préoccupations de fortune, les rêves glorieux qui taraudent les ambitieux. J'avais composé quelques odes latines et françaises pour célébrer les fastes de notre burlesque et éphémère académie, mais toutes ces pièces ont été égarées. De l'épisode œnosophique il ne me reste qu'une relique, un Ausone publié à Venise que mes compagnons m'ont offert aux vendanges de l'an 1547. La garde du volume porte l'ex-dono : *Au poète bien aimé Marc-Antoine Muret, l'Académie des Œnosophes reconnaissante.* Suit une maxime parodiant une sentence du plaidoyer pour Roscius de Cicéron : *Una non fecit hora vinosum** et les signatures de tous les académiciens.

J'ai donné aux lettres quarante années de ma vie, j'ai compté parmi les professeurs les plus dévoués et les plus illustres de l'université de Rome. On venait de toute l'Europe pour entendre ma voix. J'ai été sollicité par des rois, des papes et des princes. Des poètes et des savants m'ont cité avec honneur, mais aucune des nombreuses académies d'Italie n'a daigné m'accueillir. Les *Intrepidi* ni les *Animosi* n'ont voulu m'agréger, par patriotisme borné sans doute. Malgré mon brevet de citoyen romain, je suis resté un étranger, les scandales de ma jeunesse n'ayant certainement pas joué en ma faveur au sein des savantes compagnies italiennes. A moi donc l'honneur immortel de n'avoir appartenu qu'à une seule Académie, une Académie dans les vignes, placée sous la protection des dieux Momus et Bacchus, deux garçons faits pour s'entendre, le premier incarnant la gaieté, la plaisanterie et la folie et le second l'ivresse. Je serais un ingrat si je n'inscrivais ici les noms de tous mes joyeux

* On ne devient pas ivrogne d'un coup.

compagnons de Saint-Emilion, cette terre de Cocagne où les vignes étaient attachées avec des saucisses. Les voici, recopiés dans l'ordre où ils s'alignent sur la page de garde de mon Ausone : Desiderius d'Agueneau, gentilhomme nivernais, Eric Bordelet, gentilhomme normand, buveur de cidre converti au vin, Bernard de Foucault, Angevin, Olivier Julien de Jonquères, Languedocien, Christophe de Peyrus, Provençal, Jacques de Puffenoy, Franc-Comtois, Alyn de Graillot, Dauphinois, Jean-Marc Rouleau de Meursault, Bouguignon, Marcus de Crayanblanc et Andreas Pasqualis qui venaient d'Alsace, François Chidaine de Montlouis, Tourangeau, Philippe Charlopin, Bourguignon, acolytes remarquables par leur loyauté, sage folie et intempérance, du fondateur le chevalier et jurat Paschal de Delebecque.

Mais la soif du meurtre est plus forte que la soif du vin et la ville de Bordeaux ne fut pas épargnée par l'ivresse sanguinaire qui s'empara de la France à la fin du règne du roi François Ier.

L'impôt de la gabelle souleva les habitants de la ville. Ardemment attachés à leurs privilèges auxquels cet impôt portait atteinte, ils prirent les armes, occupèrent l'hôtel de ville et massacrèrent le lieutenant du gouverneur ainsi que quelques commis de la gabelle. Ces événements semèrent la perturbation dans notre collège situé près de l'arsenal qui fut pillé par les insurgés. L'arrivée du sanguinaire connétable de Montmorency, envoyé à Bordeaux pour punir la ville rebelle, sonna le tocsin des massacreurs.

Finies nos joyeuses bacchanales, c'était la mort qui donnait le bal. Qui donc aurait pu penser à boire pendant les horreurs d'une guerre civile ? L'ivresse du carnage succédait à la fraternelle griserie du vin. Toute gaieté semblant à jamais bannie, j'ai repris ma canne et mon sac de livres et j'ai quitté Bordeaux.

CHAPITRE VIII

Dulcis inexpertis cultura potentis amici;
expertus metuit. Tu, dum tua navis in alto est,
hoc age, ne mutata retrosum te ferat aura.

Pour un débutant, il semble très attrayant
de cultiver l'amitié d'un homme puissant.
L'expérience faite, c'est chose qu'on redoute.
Quand ton navire est en haute mer,
prends garde que le vent ne change et ne te
ramène en arrière.

Horace, *Epîtres*, I, XVIII.

« Pour réussir à Rome, il faut deux choses : aimer Dieu et posséder un carrosse », disait le cardinal Borromeo. Le sarcasme de cet ascète scandalisé par le faste et la joyeuse vie des Romains me tribouille un peu : j'aime Dieu, j'ai prospéré à Rome et, depuis peu, je roule. Mon carrosse est discret. C'est un coche noir sans ornements que je dois à la générosité d'un patricien fortuné, un ancien élève qui vient régulièrement s'enquérir de ma santé. Mes infirmités m'interdisent les longues marches et comme le quartier du Quirinal est trop éloigné du cœur de la ville, j'avais petit à petit renoncé aux réjouissances et distractions du monde, aux visites amicales, aux concerts, fêtes et cérémonies. Ce coche providentiel me permet de retourner dans les bibliothèques, de converser avec les professeurs de mon neveu et de passer quelques heures avec Benci. Mon mécène m'a offert non seulement le coche, mais aussi le cheval pour le tirer, un étalon de belle encolure qui fait le bonheur de Lelio. Il réjouit aussi mon petit

Marc-Antoine qui a tenu à lui donner un nom mythologique. Pour glorifier la flamboyante splendeur de la robe alezane de l'animal, j'avais suggéré le nom d'un coursier du char d'Apollon, Lampros ou Actéon. Benci voulait l'appeler Arion, le cheval immortel de l'*Iliade*, mais, de façon drôle et péremptoire, Marc-Antoine imposa Pégase : « Monsieur mon oncle, vous êtes un poète de premier ordre, par conséquent, il ne vous faut rien de moins que le coursier du Parnasse ! » Particulièrement en veine ce jour-là, il décida d'appeler l'écurie de notre alezan la *Pégasière.*

Joyeuses naïvetés que tout cela ! Les esprits sérieux penseront que pareilles fantaisies ne méritent pas d'être rapportées par écrit. Je leur répondrai que mon récit n'est rien d'autre que bavarderie et digressions, autrement dit, vagabondages de geai ou de pie sur les sentiers d'à côté. Quand mon héritier flânera dans vingt ou trente ans dans ces cahiers, il feuilletera ses souvenirs d'enfant et se souviendra de moi en souriant.

Puisqu'il m'est permis de lanterner, consignons encore quelques réflexions sur les coches. Les carrosses privés sont une des nouveautés de ce siècle. Au début, les papes ne les voyaient pas d'un bon œil, mais ils n'ont pu en empêcher la propagation. Petit à petit, le caprice carrossier devint fureur. L'opulence d'un citoyen romain se mesure aujourd'hui au nombre et à la magnificence de ses attelages. Depuis quelques années, les patriciens et certains cardinaux menant grand train rivalisent avec des voitures recouvertes de sculptures, d'ornements d'or et de broderies précieuses. Le cardinal de Médicis voyage dans un somptueux carrosse tiré par quatre chevaux frisons, une largesse du duc de Bavière. L'ambassadeur de France auprès du pape, mon ami La Rocheposay, m'a affirmé que ce véhicule extravagant était équipé d'une cuisine avec un fourneau et tout ce qu'il faut pour apprêter les repas. Impuissante à réfréner un tel étalage, l'administration pontificale a voulu sauver certaines apparences, en interdisant les carrosses aux courtisanes. Le mois dernier, quarante-deux de ces filles ont été condamnées à une amende globale de 2 500 écus pour avoir enfreint ce règlement. La bizarrerie du jugement a fait dire à Lelio : « Les putains peuvent entrer dans les églises, mais elles n'ont pas le droit de grimper dans un coche ! »

« La fréquentation des églises peut les conduire au repentir, lui ai-je répondu, alors que l'obscurité tapinoise d'un coche n'incite guère à la vertu ! » C'était une réponse de prêtre, une réponse opportune et charitable, mais sans doute énoncée avec une suavité trop parodique, car Lelio éclata de rire, un rire espiègle qui vous dilate le cœur.

Curieusement, les règlements frappant les courtisanes ne visent pas les éphèbes d'amour. A la tombée de la nuit, dans les places et rues obscures de certains quartiers, on croise de jeunes coquins, une petite lampe à la main pour dévoiler furtivement leurs délicates ou robustes amorces, qui chuchotent aux passants « *Chi me vuol levare ?* » Larder son Ganymède dans l'obscurité d'un carrosse est la règle chez tous ceux qu'un tempérament exigeant entraîne aux voluptés plébéiennes. Curieux de goûter d'autres fruits que ceux du jardin de leurs femmes, certains gentilshommes rôdent dans ces parages en quête de gibiers de gracieuse tournure. « *Chi me vuol levare ?* » Le perdreau levé saute dans le coche qui va se perdre vers les fourrés de la via Appia, près de la porte Sébastien ou sur les bords mal famés de la piscine publique, au pied de l'Aventin. Tirer la ouate de son pourpoint avec des bardaches d'occasion ne va pas toujours sans péril, car les chausses cachent parfois des poignards. C'est le risque à courir lorsqu'on paillarde en catimini. Quand on n'a pas ce que l'on souhaite, on prend ce que l'on rencontre.

⋆

Marc-Antoine, cher orphelin, lorsque tu ouvriras ces cahiers, ne jette pas de blâme sur mes badinages tout en sauts et gambades. Si mes digressions dépassent souvent les limites de la décence, c'est qu'il m'importe peu aujourd'hui que ma marchandise soit de bon aloi. Ma vie fut un grand banquet, une succession extravagante de services et de plats tour à tour maigres ou abondants, succulents ou avariés, suaves ou amers, avec des entremets de rires et de pleurs, madrigaux ou lamentos, délices et haut-le-cœur. La société de mes commensaux fut tout aussi bigarrée. Las, pour moi le banquet touche à sa fin. Avant que l'on débarrasse la table, que l'on emporte coupes et aiguières et que s'arrêtent tous les chants, laisse-moi débiter mes futilités, piques et rigoleries en toute liberté ! A saupoudrer cette vaste farce avec quelques condiments de dernière heure, je me sens ragaillardi.

⋆

Gaillardise recouvrée, je veux, cher orphelin, relater maintenant mes aventures de Paris. Les sanglantes convulsions de Bordeaux m'avaient contraint à reprendre la route. J'ai quitté cette ville avec tristesse et regret. Pour la première fois de ma vie, je m'étais fait de véritables amis. Au contraire de certaines natures tristes, je n'ai jamais cultivé la solitude. Les joies et devoirs de l'amitié ont certainement été l'un des plus efficaces antidotes contre l'humeur noire qui tourmentait ma jeunesse. Mais les amis ne poussent pas entre les pavés comme la mauvaise graine de vaurien. En dérivatif à la mélancolie j'ai souvent été réduit à me contenter du vaurien. A défaut de grivelés mauvis, on chasse le moineau des rues et le merle des lisières. Je dois avouer que cet ordinaire répondait pleinement à mes appétits. En amour, les gueux me réjouissaient plus que les damerets à casaque de velours et toque ornée de ferrets d'or. A l'époque, j'étais incapable de modération. Etudes, ripaille et luxure, en tout je me dépensais à outrance, si bien que, petit à petit, je devins l'esclave de mes débordements. L'affection d'Antoine de Gouvéa, le compagnonnage avec les chevaliers œnosophes et les joyeux esclandres de Moncaud m'avaient quelque peu soustrait à la tyrannie de mes impulsions. En quittant Bordeaux, je perdais ces précieux auxiliaires.

★

Par fortune, en franchissant à la fin de l'été 1551 la porte de Paris, je n'étais pas un inconnu dans le monde savant. Je n'avais encore rien publié mais Renommée, la divinité aux cent oreilles, cent bouches et cent langues, s'était tant répandue en éloges à mon sujet qu'on me reçut dans cette nouvelle Athènes tel un moderne Démosthène. J'avais vingt-cinq ans et j'ignorais, à ce bel âge, que près de la moitié de mon sable s'était déjà écoulé. Aux lauriers récoltés après six années d'enseignement s'ajoutaient les promesses de nouvelles couronnes, mais j'étais bien trop gaillard, trop ardent, pour me rassasier de lauriers. Tourmenté sans trêve par mes appétits, je mettais autant de fougue à prouver la vigueur de mes rognons qu'à expliquer Cicéron. On m'avait confié la classe de première au collège de Boncourt. Grisé par les ovations, je répondis aux sollicitations de plusieurs autres collèges particuliers. Je ne m'attendais pas à pareil engouement. L'enthousiasme des collégiens, aussi bien des pensionnaires et caméristes que des externes qu'on appelait les *martinets*, déborda hors les murs des collèges et gagna les sociétés les plus diverses, y compris certaines, très profanes et totalement étrangères aux richesses des littératures grecques et latines. Assister aux leçons de Muret fut un divertissement en vogue. Les salles où je régentais étaient souvent remplies d'une si grande foule d'auditeurs qu'il m'était impossible de m'y frayer un passage, de sorte que j'étais soulevé de terre, élevé sur les épaules de mes auditeurs et porté jusqu'à la chaire avec les honneurs et acclamations du triomphe, à l'instar des libérateurs ou des athlètes de l'ancienne Rome. Enivré par tout cet encens, j'étais trop paon pour méditer sur la vanité de la gloire et sur les étranges revirements de la fortune. En entrant dans le branle, j'ignorais que j'aurais à payer les violons quelques années plus tard, car, hélas, les exécrations talonnent souvent les engouements et la disgrâce succède alors aux faveurs.

Apollon de collège, j'ai resplendi pendant trois années du haut de ma chaire en expliquant le *De divinatione* de Cicéron et la *Morale à Nicomaque* d'Aristote à des auditeurs enthousiastes. L'adoration devint idolâtrie quand le roi et la reine se déplacèrent pour assister à mes lectures. Je ne me faisais aucune illusion sur les inclinations de ce roi. Henri II s'intéressait plus aux tournois, combats à la barrière et autres tours de force qu'aux lettres antiques. Sous son nom régnait en réalité la vieille favorite, l'implacable et ambitieuse Diane de Poitiers. Déesse de la chasse par son prénom, cette créature sèche et âpre à la curée était alors fort courtisée par les poètes. On ne s'adressait au roi, à la reine, à la favorite et aux princes qu'en style mythologique. Mais le Jupiter de ce nouvel Olympe était un piètre roi. Vigoureux physiquement, mais mentalement fort débile et d'une intelligence médiocre, il était l'esclave de ses favoris et de sa maîtresse ridée. Celle-ci le dominait à un tel point qu'on se doutait à peine qu'il existait une reine légitime, fille unique et héritière de Laurent de Médicis. Malgré sa naissance et sa beauté, Catherine de Médicis dut s'effacer devant la favorite. Les charmes de cette Junon taciturne et dévote s'estompèrent pour se changer en traits d'une gravité toute matronale. Peu gracieuse donc, mais très féconde, la reine détestait les galanteries à une époque où poètes et peintres plaidaient à l'envi la cause de Cupidon et montraient Diane en chasseresse idéale, croissant au front, s'élançant du bocage avec ses lévriers. Pendant que la reine se cramponnait au prie-Dieu de son oratoire, Henri et Diane se mignotaient, chassaient à Anet ou se divertissaient en allant voir brûler des sorciers et des hérétiques.

Que de cruautés, d'injustices, d'immolations commandées ou consenties par ce monarque autoritaire, égoïste et peu éclairé ! Que d'attentats contre la dignité humaine ! Jouet de ses favoris, il avait confié la direction de l'Etat à l'effroyable connétable qu'il appelait « père et ami ». Plus de vingt années ont passé, mais je tremble encore lorsque je pense aux atrocités perpétrées en Guyenne par le sanguinaire Montmorency. C'est à cause de ce barbare que j'ai quitté Bordeaux. Il y a quelques années, mon ami l'ambassadeur de France à Rome m'a donné trois volumes de mémoires sur l'état de la France que les huguenots venaient de publier en Hollande. Un des tomes de cette compilation renferme un réquisitoire contre Henri II, composé à dix-huit ans par Etienne de La Boétie, l'ami de Michel de Montaigne. Ce jeune homme était un citoyen de Sparte égaré dans notre siècle. Ses convictions républicaines l'auraient conduit au bûcher si son anathème contre le roi avait paru de son vivant. Le jeune prodige se demandait comment tout un peuple pouvait, sans se révolter, endurer pareil tyran, non pas un Hercule ou un Samson, mais un tout petit homme lâche, colérique, de caractère féminin, un homoncule pas même habitué à la poudre des batailles, un myrmidon sans nerfs, incapable de commander aux hommes parce que vilement assujetti à une maîtresse rapace.

Au siècle dernier, poètes et philosophes entouraient les Montefeltre, les Médicis et de nombreux princes italiens. Les Valois qui ont succédé au roi François Ier ont préféré s'en remettre à des conseillers politiques. Donner des conseils devint une profession. Tant de gens distribuèrent des avis et des remèdes pour la santé qu'on pouvait croire que la moitié du pays était médecin. Quant à l'autre moitié, elle se disait conseiller d'Etat. Mentor, l'ami d'Ulysse, donnait pour guide au jeune fils de ce roi la Sagesse elle-même. Les nouveaux mentors français « conseillèrent » tout autrement, si bien que la scélératesse et la fourberie furent érigées en vertus et qu'elles tinrent souvent lieu de mérite à des monarques qui n'en possédaient point d'autre. Les rois petits et bornés pensent sans doute qu'il vaut mieux inspirer la crainte que le respect. « *Magnus non est pumilio, licet in monte constiterit.* » En effet ! Et ni les poètes courtisans, ni les flagorneries des conseillers ne corrigeront cette vérité : « Un nain toujours restera petit, eût-il une montagne pour piédestal. »

La sentence est de Sénèque. Mais quel roi irait chercher la lumière auprès du philosophe stoïcien lorsque dans son palais, un caudataire parfumé de mythologie lui demande de prendre en main les rênes de l'univers et de rivaliser sur terre avec le maître des dieux ? Les temps viendront où des Césars de moins en moins instruits ne se borneront plus à bouder les hommes cultivés. Ivres de leur seul parfum, ne tolérant d'autres grands hommes qu'eux-mêmes, ces chétifs despotes se mettront à persécuter les savants. Hélas, avant même l'avènement de telles calamités, le nombre d'érudits se réduira de lui-même, à cause de la navrante et inexorable désaffection pour l'étude des lettres qui caractérise la jeunesse d'aujourd'hui. A la place d'honneur de la République des lettres ont siégé les hommes ayant remis en lumière les grands écrivains anciens. Leurs aspirations ne pouvaient s'accorder avec les jeux, les contraintes, intrigues, réputations, modes et ridicules du monde. Détrompés des vanités, ils ont cultivé l'art de la disgrâce volontaire pour se consacrer à l'étude. Ils furent l'honneur de ce siècle. L'intérêt qui s'attache aux infortunes célèbres porte dans les âmes élevées une consolation plus douce que les jouissances monotones du pouvoir.

⋆

Dès les premiers mois de mon séjour à Paris, j'ai cru appartenir à cette élite. J'étais jeune, j'étais acclamé, le roi et la reine se déplaçaient pour scruter l'heureux phénix limousin, bref, toutes les conditions semblaient réunies pour que je me prenne dans les attrapoires de la Fortune qui ont noms ambition et faveur. Mais la verdeur de mon caractère, ma désinvolture et mon amour de la liberté m'ont gardé de ce piège. Une rusticité de tempérament dont je n'ai jamais pu me départir m'interdisait la profession de courtisan. La compagnie des quêteurs de pensions m'a toujours rebuté. L'amitié des puissants est trop chère. Elle coûte votre liberté et l'homme libre ne se met pas sous le joug d'une tyrannie de la reconnaissance. Prospérer en courtisanerie exige une grande aptitude aux courbettes. Il faut, comme le caméléon, changer de couleur suivant l'humeur du prince, ou, comme un magot domestique, singer le prince. Pour faire un bon courtisan il faut une âme de courtisane et, plus que tout, il importe de pratiquer la langue courtisanesque. Un homme de Cour renonçant à son langage poli et lustré pour s'exprimer sans fard et dire crûment ce qu'il pense, mériterait qu'on lui décerne une maîtrise ès langues étrangères.

Les grands souverains interdisent leurs antichambres aux flatteurs et aux parasites pour ne s'entourer que de hautes âmes. Les princes les plus médiocres sont souvent les mieux encensés, en France comme en Italie. En Italie, la sotte adulation des courtisans saluant au passage les puissants du jour en leur envoyant des baisers, m'a toujours inspiré le dégoût. J'ai vécu douze années à la Cour de Ferrare sans avoir contracté les mœurs de la domesticité. Mon protecteur, le cardinal-duc Hippolyte d'Este, était un personnage d'une grande sagesse, le plus judicieux prince que j'aie jamais rencontré. Je chercherais vainement un homme qui puisse égaler l'élévation de son âme et sa générosité à l'endroit des savants. Il est mort depuis plus de douze ans, mais je pense souvent à lui, et plusieurs fois il est venu dans mes rêves. Il fut l'auteur, le promoteur de ma fortune en Italie. Nous avons vécu dans la plus grande familiarité. Il s'ouvrait à moi de ses résolutions sur les plus graves affaires et parfois demandait mon avis. Si celui-ci différait du sien, il ne montrait aucun mécontentement et lorsque je me trompais, il me reprenait affectueusement. Ce grand homme ne s'entourait pas de flatteurs mais de savants. Sa maison, comme une académie, était pleine de gens cultivés dont la compagnie et la conversation offraient un perpétuel enseignement. Après sa mort j'ai pris la Cour en aversion car son héritier, le cardinal Louis d'Este, n'était pas de la même trempe. S'il aimait les hommes instruits, il n'a, en revanche, jamais su éloigner les obséquieux et les quémandeurs. Il était perpétuellement assiégé. J'ai été le confident et l'ami d'un grand seigneur auquel j'ai survécu. Le nouveau prince m'a laissé confondu dans le troupeau des laquais. J'en ai éprouvé du chagrin, je dirais même du dépit. Louis d'Este ne m'employa à aucun office, tout en continuant à me défrayer, parce que je faisais partie de la maison. J'étais compris dans l'héritage. Mon amour-propre a souffert de cette situation.

⋆

Mais je ne voudrais pas digresser à l'infini sur la courtisanerie, car ce pauvre cahier deviendrait un exubérant bouquet de lieux communs.

Quand César est bon prince, il faut boire à sa santé et prier Dieu pour qu'il lui accorde une longue vie. Si ce n'est pas le cas, il faut apprendre de Tacite l'art de vivre sans déshonneur sous les mauvais monarques. C'est ce que durant toute ma vie j'ai enseigné à mes élèves.

Retournons sur les bords de la rivière Seine en automne 1551. Une vieille chanson latine du treizième siècle dit que dans la nature tout mange : l'herbe mange la terre, le mouton mange l'herbe, l'homme mange le mouton, et pour finir, la terre avale et dévore l'homme, le mouton et l'herbe.

Et moi, Marc-Antoine Muret, jeune gourmand nouvellement invité à la grande mangerie de Paris, je préférais de beaucoup me ruer vers la foire aux jambons que de picorer à la table du roi en pindarisant avec les rimeurs officiels.

CHAPITRE IX

Qui gravis es nimium, potes hinc jam, lector, abire quo libet...

Si tu es trop collet monté, tu peux maintenant, lecteur, t'en aller où bon te semble.

Martial, *Epigrammes*, XI, 16.

Je ne saurais évoquer la foire aux lards sans revoir mon Ramonet Fouteau, car c'est là que j'ai rencontré ce resplendissant pendard. A l'époque, cette foire avait lieu chaque année sur le parvis de Notre-Dame, pendant la Semaine sainte. Un calendrier et un choix d'emplacement bien étranges ! Etait-ce pour rendre la mortification plus difficile, qu'en pleine période d'expiation pénitentielle on excitait la gourmandise des chalands avec d'aussi affriolants étalages ?

Ayant toujours eu le nez tourné à la friandise, j'ai compris dès mon arrivée à Paris que j'avais enfin atteint le pays de Grande Cocagne. Je dis Grande Cocagne pour parangonner avec la Petite Cocagne gasconne que je venais de quitter. A Poitiers, j'ai vécu d'amour et de vin ; à Auch et Bordeaux, j'ai puisé dans une corne d'abondance dorée les gasconnes mangeailles, mais c'est à Paris que j'ai trouvé à foison tous les trésors de gueule que je pouvais désirer, et bien d'autres encore dont j'ignorais l'existence. Les marchandises tombaient sans doute du ciel, d'autres y venaient par la Seine en provenance de tous les pays et de toutes les provinces. Jamais je n'avais vu autant de bouchers, rôtisseurs, pâtissiers, marchands de poissons, cabaretiers et taverniers que dans le cœur de Paris sous le règne de Diane de Poitiers. Mon compatriote limousin Dorat, régent au collège Coqueret, m'avait trouvé un logis près de l'église Saint-André-des-Arts, dans une rue dont le nom ne pouvait que réjouir un paroissien de mon espèce : la rue Pavée d'Andouilles *. Logé à pareille enseigne, les quarante-six journées d'abstinence suivant mardi gras m'étaient plus pénibles qu'à d'autres. Mais, deux jours avant Pâques, je chantais *Te Deum* en pleines *Ténèbres* car la foire aux lards arrivait comme marée en carême ! Une grande marée saucissonnante, crépinante et boudinante, une marée de chair et de graisse, mortadelles, cervelas, andouilles, jambons, pieds de cochon et langues fourrées... Je pouvais enfin me décarêmer !

Parmi les étals où pendaient les jambons dodus de Bourgogne ou d'Italie, les jambons allongés et luisants des Pyrénées dont raffolait Madame Marguerite, la sœur du roi, parmi les odorantes pyramides de salaisons de Bologne, Milan, Arles et Lyon, rôdait, mêlée aux gardes, aux bourgeois et aux damerets gourmands du quartier des Augus-

* Aujourd'hui : rue Séguier.

tins, toute une horde de collégiens affamés, mendiants, coupeurs de bourses, chiens errants, frères prêcheurs, musiciens des rues, porteurs d'eau, vendeurs d'almanachs et d'orviétan. Sur le parvis, en face du portail du Jugement, se dressait sur un socle de pierre une vieille statue de plomb que les Parisiens, Dieu sait pour quelle raison, appelaient le Grand Jeûneur. Elle figurait un homme debout, un livre dans une main et, dans l'autre, un bâton enroulé de serpents. Un gothique magister de la vieille Université, un de ces savantasses qui ont réponse à tout, m'avait assuré que cette statue datait des Romains de Lutèce et qu'elle représentait l'antique Esculape. Esculape ou Priape travesti peu importe ! Le Grand Jeûneur résidait là depuis toujours, célébrité de quartier que le peuple de Paris tour à tour révérait, brocardait, invoquait ou maudissait exactement comme on traite les saints du calendrier.

C'était une journée de gai soleil. Le printemps, souverain dispensateur de sèves, tribouillait mes sens comme autrefois, quand je hantais les bois de mon enfance en proie à de crispantes et obscures pulsions. Loin des forêts, exilé dans une grouillante cité qui s'apprêtait à célébrer le grand Mystère de la Passion et de la Résurrection du Dieu chrétien, j'étais alors assez peu vergogneux pour rivaliser de paganisme avec l'Antiquité en me soumettant aux lois de l'éternel Dionysos.

Après quelques stations devant les étals et les petites rôtisseries, j'étais décarêmé rien que par le fumet que dégageaient toutes ces cochonnailles. C'est alors que je repérai le Ramonet Fouteau, beau morceau de malandrin dépoitraillé, adossé au socle du Grand Jeûneur. Il contemplait la foule d'un air à la fois crâne et polisson, en engloutissant un plein cornet d'oublies qu'un petit marchand des rues venait de lui offrir en criant « V'là du plaisir ! Pour toi, Ramonet Fouteau, c'est gratis pour l'amour de Dieu ! » Un bec sucré, que ce Ramonet, me suis-je dit en détaillant la carcasse de l'alléchant glouton. Il était vêtu, comme on disait, « à la pendarde », c'est-à-dire de façon débraillée. Des chausses bizarrement découpées, comme balafrées, dévoilaient un corps exubérant, tout muscles et tendons. Une braguette élimée et mal lacée saillait au milieu de ce mâle décor tel un massif arc-boutant. Une épaisse chevelure fauve et bouclée tombait sur ses épaules et descendait plus bas que sa nuque. Je l'ai observé discrètement pendant un long moment avant d'être pris d'un accès de ferveur qui ne voulait pas rester simplement contemplative. Où donc avait pu germer pareil larron ? Il n'était pas taillé pour moisir dans un atelier, un office ou une bibliothèque. C'était du larron de plein air, et sans doute du larron de la crème des larrons. Comme je m'approchais, il me fit un sourire de compère, un mélange de candeur et de crapulerie qui invite à l'abordage. L'abord fut aisé. Je lui ai demandé s'il voulait induire le Grand Jeûneur au péché de gourmandise en becquetant sous son nez pareille pochée de gâteaux.

« Chardious ! Morbius ! Tu ne convertiras pas à la gueule ce vieux marguillier avec quelques oublies ! Il jeûne depuis si longtemps qu'il en a le bec rouillé. Pour lui dégripper la mandibule, toute la graisse de cette foire ne suffirait pas ! »

Il parlait d'un ton traînant, légèrement nasillard ; sa voix était douce et monotone comme le ronronnement d'un matou repu. J'ai attrapé au vol l'oublie qu'il m'a lancée et j'ai bondi vers lui. Mon caractère paillard me portant aux effusions, je lui ai donné dans le dos quelques bourrades amicales un peu appuyées. Le drôle n'était pas dupe de la sorte d'intérêt que je lui manifestais, car il me paya promptement de retour en me patouillant le poitrail et le râble. Ces jeux équivoques attirèrent l'attention de quelques amateurs. Un barbon à collerette plissée, paré à la façon des guêpes de Cour, s'approcha de mon complice comme pour le renifler. Le vieux limier avait conservé son flair. Ramonet, qui exhalait un stimulant parfum de vieux cuir d'Espagne, le toisa et lui lança d'une voix flutée : « Va mugueter plus loin, vieux bilboquet ! » Puis il me prit par le bras pour m'entraîner ailleurs. « Par saint Foutaquin, mon vénérable patron, tu as vu ce gaudichon fanfreluché, cette vétuste couillasse plus emperlousée, plus enguirlandée qu'un reliquaire ! »

Je l'ai suivi dans l'étroite venelle qui longe l'église et le cloître Notre-Dame jusqu'à la porte menant aux parages déserts et vagues de l'extrémité de l'île. Ce lieu, qu'on appelait le Terrain, était peu fréquenté. Il était bien trop découvert pour attirer les galants, et bien trop surveillé par le chapitre. Un vieux peuplier tremblard trémulait au bout de ce pâtis avec, pour seuls compagnons, quelques bosquets, trois maigres sambucs et l'escadron de choucas nichant dans les tours de Notre-Dame.

Désolante Arcadie ! me suis-je dit. Des corneilles au lieu de rossignols, une maigre friche à la place des vignes et des oliviers et, en guise de cascades et de fontaines parfumées, les flots graisseux de la Seine, puants à faire éternuer les canards. Mais qu'importe le paysage quand on tient le berger ! Le berger ? Ramonet était certes une belle prise, mais sa tournure indiquait davantage le gibier de palestre que la graine de pastoureau. Sans doute jouait-il mieux de ses poings que de la flûte bucolique. Comme il me serrait de près en dévalant du Terrain jusqu'à la rive, je respirais son fumet de cuir et de sueur, un condiment mielleux et musqué évoquant le cerf en venaison, les joutes athlétiques, les exercices de force, les étreintes de lutteurs, les caresses âpres et l'encens de Priape. Où courions-nous, et vers quel viril combat ? Ramonet voulait me conduire en un lieu où, disait-il, nous serions reçus à bras ouverts. Nous sommes descendus jusqu'à l'abreuvoir. Ramonet a scruté les environs puis s'est écrié : « Où te caches-tu, ventre de merlu ? Attends que je te déniche, mon mignon, je vais te secouer les morpions ! » Un jeune drôle a débuché d'un proche taillis. Il a bondi vers nous comme un chevrotin sans licou tout en renouant les cordons de sa braguette. En guignant son fourniment, j'ai pensé que ce bergeronnet n'avait nul besoin d'envoyer un ambassadeur au dieu de la Nature pour se plaindre de parcimonie à son égard. Ce lutin bien garni répondait au géorgien nom de Gervais Taurel, un patronyme approprié si l'on admet que Taurel signifie « pourvu comme un taureau ». Il était passeur et offrait sa barque aux clients trop paresseux pour trotter jusqu'au bac situé plus en aval.

Beaucoup d'eau, de sang, de cadavres et d'immondices ont coulé dans la Seine depuis cette folâtre Semaine sainte, mais je palpite encore en écrivant aujourd'hui les noms de Ramonet et de son acolyte, le florissant nocher Gervais. Depuis l'épisode Gaspara, mes goûts ne m'ont guère incité à paillarder dans la soie. Mes engouements ont été exempts des servitudes habituelles des amours nobles et licites. La prévôté et les pénitentiels disent *abomination* pour ce que Platon appelait *amour*. Sachant de quel pied j'ai cloché toute ma vie, je ne vais pas broder mes souvenirs avec des enjolivements et des foutimasseries. Dénoncées comme abominables sous tel climat, célébrées comme philosophiques sous d'autres cieux, mes aventures furent à l'image de celles des ardents. De l'Amour, j'ai essuyé les flèches d'or et les flèches de plomb.

★

Nous avons posé pied sur l'autre rive, près du grand Châtelet. J'étais loin de me douter qu'un jour mes plaintes étouffées se mêleraient aux hurlements des prisonniers soumis à la question dans les salles de torture de ce sinistre castel. En passant devant la voûte où factionnent les gens du guet armés de hallebardes et d'arquebuses à rouet, Ramonet fit un signe de croix. Je l'ai taquiné à ce sujet, le déclarant plus superstitieux que dévot. Je le connaissais depuis peu, mais au cours de ce peu, il s'était montré terrible blasphémateur. Plus de dix fois, mais toujours d'une voix onctueuse, il avait juré par la tête, les épines, le ventre et les plaies de Notre Seigneur.

★

Au grand Châtelet confine une vallée qui n'a rien de pastoral et dont le nom rappelle une métaphore de prédicateurs atrabilaires décrivant la terre et la condition humaine : *la vallée de Misère*. Une image congrue pour ce quartier fangeux où, jour et nuit, on égorge les bœufs, les veaux, les moutons, les volailles et parfois quelques passants. Ruelles immondes de la Tuerie, de l'Ecorcherie, de la Tannerie, abattoirs à ciel ouvert d'où s'écoulent des fleuves de sang qui ruissellent jusqu'à la Seine et jamais ne tarissent, mais coagulent et se putréfient en exhalaisons fétides. A ces relents punais s'ajoutent les remugles de la dalle de poissonnaille où trépident et expirent chaque jour des milliers de carpes, d'anguilles et de goujons.

Ramonet Fouteau cheminait dans ce cloaque avec l'allégresse et la grâce d'un sylvain anacréontique batifolant dans une clairière en fleurs. Fallait-il que son attrait soit puissant pour que je le subisse sans défaillir dans pareil décor ! Je n'étais pas assez débourré pour fantasier sur des exercices charnels en milieu pestilentiel, mais je le suivais docilement, car il faisait plus que m'attirer, il me fascinait. J'étais séduit par sa franche drôlerie, son jargon chamarré, son impudeur majestueuse, par le parfum de mystère et peut-être de danger qui flottait autour de lui. L'établissement où, selon sa promesse, nous serions accueillis à bras ouverts était une étuve comme il en existait beaucoup dans ce quartier de mégissiers, de saurisseurs et de chevillards, des bains fréquentés par des clients qui ne pensaient pas seulement aux soins de propreté. Ramonet n'avait pas menti. Lorsqu'il s'est coulé, dévêtu, dans les vapeurs crépusculaires de l'étuve, quelques habitués ont crié : « Noël, Noël ! C'est Noël ! » Je me suis glissé contre lui et j'ai senti contre mon ventre une cheville plus dure qu'un cuir de botte. Tout ce qui s'est joué ensuite relève du plus pur paganisme romain. J'en étais à ranimer les bougresses flammes de Ramonet lorsque le pimpant nocher Taurel a surgi dans ce fornicatorium humide et musqué. Je lui ai témoigné mon affection avec toute la vigueur qu'il me restait, puis nous avons quitté les thermes pour dessécher quelques coupes. Considérant où j'étais tombé, j'ai résolu d'appeler mes tombeurs Charybde et Scylla. Ces deux calamités appartenaient à la filoutière compagnie. Ramonet, qui n'était plus un novice, s'était fait une réputation comme voleur et maître receleur de vases et d'objets sacrés. Mais il était bien trop capricieux pour se cantonner dans cette spécialité. Ecumeur de chapelles, cloîtres et églises, fieffé dégraisseur de bourses, il se mêlait aussi de maquerellage et rançonnait putains et garçons d'étuves, tenanciers de bouges, taverniers fraudeurs et même certains rôtisseurs fripons qui débitaient des viandes, volailles et gibiers de contrebande. Taurel n'était encore qu'apprenti filou. Mignon de son maître, il lui servait aussi d'assistant et de rabatteur. Passeur le jour, il se déguisait en pâtissier ambulant quand tombait le soir et proposait aux gourmands oublies, craquelins et petits pâtés. Cheveux en bataille, gorge débraillée et chausses à moitié ouvertes, il mettait l'écume aux lèvres des débauchés en quête de petits marauds bien conditionnés. Grâce à son mirifique outillage, le taurophalle Taurel était invité dans les maisons pour participer aux orgies. Il en profitait souvent pour faire l'inventaire des chambres et salons que Ramonet nettoyait dans la semaine.

⋆

Quelles mystérieuses raisons ont poussé ces garnitures de gibet à se prendre d'affection pour un écolâtre à bonnet et collet blanc ? Un jour, j'ai voulu sonder le Ramonet à ce sujet. Il m'a répondu qu'il ne fallait point se rompre la tête avec pareilles questions. Certains naissent sérieux et d'autres mutins mais rien n'empêche les deux engeances de s'accorder. A débattre sur les accointances comme des grammatistes, on perd pour rien un temps qu'on pourrait user à vider des barils et s'entre-baiser gaillardement. Plus remuant que cogitant, Ramonet esquivait souvent les discussions avec ces mots : Tout cela n'a pas plus d'importance que le guilleri des moineaux ! La formule me plaisait et je l'ai faite mienne plus d'une fois pour ne pas rompre des lances avec de narcotiques théologastres ou d'exaspérants sophistes. J'ai donc renoncé à élucider l'alchimie de nos affinités et me suis délecté de l'espièglerie des deux compères, de leur joyeuse et roborante lubricité et de leur mirifique baragouin.

CHAPITRE X

Mon Tahureau, à qui Vénus mignonne
Mignardement mignarde une couronne
Entrelacée aveque mille fleurs
Dans un rameau de myrte à deux couleurs :
Entre ce bois, écoute l'amourette
Qui point le cœur de Janette et Francette :
Ainsi toujours Cupidon tendrelet
Puisse égayer ton cœur mignardelet.

Jean Vauquelin sieur de La Frenaie,
Les Foresteries, III.

Le jargon coquillard de Ramonet Fouteau me divertissait de la verve un peu trop féconde en mignardises de mes amis poètes. Paris grouillait de poètes. Cette excessive troupe hélico-nienne comptait d'authentiques lyres, mais aussi tout un cortège de poétastres de collèges, de caba-rets, de salons, et une volée de chétifs rossignolets d'Arcadie qui rimaillaient par simple passe-temps.

Au temps du roi François, la poésie et la musique relevaient des plaisirs de la Cour, au même titre que la danse. C'étaient des distractions élégantes, raffinées, mais qui tenaient un rang très inférieur à la chasse, à l'escrime ou au jeu. Il en fut de même pendant les premières années du règne de son suc-cesseur. Le roi Henri était un chasseur bien plus enragé que son père. Vénerie et braconnerie étaient pour lui bien plus qu'un plaisant déduit. Il se livrait à ces exercices comme on pratique en religion. Sa déesse se nommait Diane et le château d'Anet était leur temple. Les trompes sonnaient sans trêve pour les meutes de cerfs, de sangliers ou de loups et les royales volières de fauconnerie se renvoyaient les criailleries aiguës et les plaintes miaulées des laniers, tiercelets et gerfauts. Suivant les saisons ou les caprices de l'idéale chasseresse, la Cour parfois se faisait nomade. Elle changeait de lieu et s'abattait sur telle contrée pour y rester tant que duraient les hérons ou telle autre, riche en perdrix ou en canards. Ce roi était un limier fanatique et peu magnanime.

Ramonet, qui s'occupait à l'occasion de commerce illégal, m'a raconté qu'un de ses comparses avait payé de sa vie ses infractions aux règlements de chasse. C'était un jeune rustaud du Vexin qui braconnait depuis son enfance dans les forêts de son village et vivait de ce métier clandestin en trafiquant avec des marchands de contrebande et des rôtisseurs fripons. Surpris par un garde, il fut condamné à une amende qu'il ne pouvait payer. Se référant à l'ordonnance sur la chasse du roi Henri, le juge le condamna à être fouetté jusqu'au sang. Quelques mois après sa remise en liberté, l'imprudent garçon récidiva. *Ne supra crepidam sutor*, disait Pline. Et si le savetier ne sait rien faire d'autre que des savates, le braconnier pourrait-il prospérer autrement qu'en braconneries ? Pour son malheur, la même ordonnance exigeait la bannissement pour les récidivistes. Condamné au ban pour trois années, le relaps dut quitter les peupliers des bords de l'Epte, sa chaumière, sa famille et ses forêts nourricières pour errer comme un vagabond entre Bourgogne et Franche-Comté ! Au bout de quatre mois, dévoré par les regrets et la nostalgie de sa petite patrie, il rompit le ban. Ramonet le rencontra alors qu'il faisait le pimpant dans une taverne de la rue de la Huchette. Il l'entraîna à l'écart pour le supplier de disparaître, de quitter non seulement la région mais le royaume, et d'aller s'engager dans les armées de l'empereur ou du roi d'Angleterre. En vain ! Quelques semaines plus tard, Ramonet assistait à son exécution en place de Grève. Tout récidiviste en rupture de ban était puni de mort. Que Dieu fasse miséricorde à ce pauvret et à tous les humbles sujets de rois plus cruels que les anciens barbares !

Pendant ce temps, la Cour menait ses réjouissances sur un grand pied : chasses, festins, carrousels, mascarades, galanteries. Le roi ne s'encombrait point l'esprit avec des pensées, ne lisait aucun livre et ne parlait guère, parce qu'il était inapte à construire une phrase cohérente. Dominé par sa maîtresse et ses favoris, il n'avait rien à dire. Aurait-il eu quelque sujet de harangue que le vocabulaire lui eût manqué. Borné, remuant, versatile, peu fait pour la réflexion, mais orgueilleux comme le sont souvent les esprits médiocres, il croyait passer pour un caractère volontaire en paradant dans les tournois, les courses à cheval, au jeu de paume et en pratiquant les exercices les plus violents. Hercule n'étant pas Apollon, le royal athlète ne goûtait guère la poésie. Ses chevaux, ses faucons et ses bijoux le captivaient sans doute plus que les improvisations de son chapelain poète, l'inépuisable Mellin de Saint-Gelais. Et pourtant, peu de monarques ont suscité une aussi extravagante épidémie de poèmes mythologiques. On aurait dit que l'Olympe au complet était descendu du ciel pour tenir Cour au Louvre. Les poètes rivalisaient pour offrir au nouveau Jupiter l'encens de leur adoration. Encensements de tendresse aussi pour la nouvelle Phébé qui s'élançait des bosquets du Louvre ou des clairières d'Anet en costume d'or et le croissant au front. La métamorphose d'une sèche et vieille gorgone en divinité svelte et resplendissante, quel miracle poétique ! La Cour de France ressemblait à un trépignant théâtre allégorique, une grotesque mascarade où se bousculaient des hardes de vierges forestières, dryades, satyres, nymphes, nouveaux Argonautes, Pallas et Junon et tout ce qu'il fallait de joueurs de luth, viole et guitare pour entraîner cette païenne troupe dans les branles, les gaillardes et les pavanes.

A nouvel Olympe nouveau Parnasse ! La jeune génération voyait en moi un oracle. J'étais l'interprète de Catulle, d'Horace et d'Ovide, je composais des vers latins, autant de fonctions pour ainsi dire sacerdotales au service du culte instauré par des poètes, peintres et musiciens impatients de s'ébrouer dans les eaux de la fontaine Castalie.

Douces et verdoyantes collines de Delphes, sources chantantes, merles, pinsons et fauvettes dégoisant dans les ramures, gracieuses bergères et mignons pastoureaux... Les nymphes régnaient à profusion. Elles foisonnaient dans les bois, les halliers, les rivières, les sources, cachées sous l'écorce des chênes, dans les meules de foin et peut-être bien dans les épouvantails dressés dans les vergers, dans les niches des chiens et dans les trous d'aisance. Parmi mes auditeurs et élèves se trouvaient quelques jeunes poètes. Je leur accordai une attention particulière en souhaitant qu'ils se désaltèrent à la grande source latine, dans la société de Virgile, de Catulle et d'Horace. Mais la plupart de mes écoliers poètes ont cédé au goût de l'époque en troussant des vers amoureux en langue française. Ils ne composaient pas tous par amour, mais tous étaient atteints par la maladie poétique d'amour. Pour chanter leurs véritables ou feintes maîtresses, ces chérubins du Pinde usaient volontiers du petit format. Pensant que tout ce qui est petit est joli et gentil, certains en abusaient jusqu'au ridicule en apetissant la plupart des noms et épithètes. Au nombre de ces désarmants polisseurs de mignardises figurait, à mon grand regret, un des meilleurs élèves du collège Lemoine, un garçon de seize ans de belle santé qui avait poussé comme un pommier dans les pâturages normands. Sa mère l'avait envoyé à Paris pour étudier le droit. Il m'avait confié avoir choisi cette voie pour obéir à un oncle avocat au parlement de Rouen. Mais le droit n'était qu'un prétexte, car il inclinait bien davantage vers les lettres. Cette confidence me rappelle certain écolier limousin se trouvant dix ans plus tôt, à Poitiers, dans les mêmes dispositions. Mon petit épigone se nommait Jean Vauquelin de La Fresnaye. De tous mes élèves, il était le plus assidu et le plus qualifié en langues grecque et latine, mais il briguait plus que tout le laurier des poètes. Sa muse était pastorale et forestière, sa bergère répondait au doux nom de Myrtine et sur l'herbette verdelette de ses bocages les nymphelettes mignonnes mignardaient mignardement des couronnes de mille fleurs sous les yeux d'un Cupidon tendrelet. Ils étaient nombreux à célébrer leurs déesses et pastourelles en vers emmiellés. Vauquelin chantait sa Myrtine, mon ami Baïf préconisait une Méline, un autre brûlait pour Francine. Les collèges du faubourg Saint-Marcel regorgeaient de jeunes gens qui, pour s'être frottés à la robe de Pierre de Ronsard, s'intitulaient poètes. Le prince de la poétique colonie avait enrôlé dans sa brigade les meilleurs, tous bons soldats du nouveau Parnasse qui voulait combattre le vilain monstre Ignorance. Les autres, faute d'égaler le génie de leur maître, en ont souvent exagéré les défauts. En compagnie de cette benoîte troupe, j'ai baigné dans l'unanime nympherie. J'étais ce prêtre qui instruisait les initiés et les aidait à mettre le pied sur l'échelle menant au sommet de la colline sacrée. *Gradus ad Parnassum!* Mais l'homme qui présidait aux mystères du culte, le suprême hiérophante, était mon parent et compatriote limousin Jean Dorat, le principal du petit collège Coqueret. Il avait fait de cette modeste école le temple des Muses. Les élèves de Dorat étaient férus de littérature grecque. Parce que mon inspiration était presque exclusivement latine, les miens étaient pénétrés de culture romaine. Dorat était mon aîné de vingt ans, et moi j'étais à peine plus âgé que mes élèves. Nous vénérions le maître tant pour son savoir inégalable que pour sa bienveillance toute paternelle, son dévouement et sa générosité. Les élèves de Coqueret, Boncourt et Cardinal Lemoine étaient peu nombreux. Ils se retrouvaient membres d'une famille, la fleur et l'élite des lettres. Un idéal commun nous rapprochait comme des frères, celui du culte des arts et de la beauté.

Aux beaux jours, comme une volée de friquets heureux de s'échapper des murs sombres de la montagne Sainte-Geneviève, nous allions nous égayer aux champs, sur les bords de la Seine ou de la Bièvre, dans les maisons de campagne de nos amis et protecteurs. Avant le lever du jour, nous prenions la route pour Meudon, Gentilly, Vanves,

Saint-Cloud ou Arcueil. Dorat marchait en tête, marquant la cadence avec une grosse canne de berger, et le joyeux troupeau suivait au pas en chantant à cinq, six, huit ou douze voix des chansons bucoliques du vieux Janequin. Abel, le jovial portier de Coqueret, fermait parfois la marche, perché sur un âne et tenant par le licou un autre baudet bâté de jambons, de boudins, de cervelas, de pâtés, de pains d'épice et de bouteilles. Ce drille tout en ventre, avec une rubiconde trogne, ne demandait qu'à ripailler avec la jeunesse. Il était le porte-bonheur des écoliers et parfois, par jeu, leur souffre-douleur. Il acceptait les deux rôles de bonne grâce, car son humeur était toujours joyeuse. A tous ces garçons qui travaillaient toute la semaine sans relâche et fatiguaient leurs yeux des nuits entières à la chandelle, il prodiguait des soins de mère inquiète. Il les appelait ses enfants et les gâtait avec des victuailles envoyées par un frère fermier. Dans sa jeunesse il avait passé quelques années chez les cordeliers, mais très rapidement, il avait cessé d'étudier pour s'occuper de jardinage. Trop remuant pour s'épanouir dans la contemplation, il s'était enfui du monastère. Avant d'obtenir les clefs de Coqueret, il avait traîné le sabre, gaspillé sa solde dans les cabarets, colporté des articles de mercerie et servi comme factotum dans plusieurs maisons. Il ne se souciait de Pindare ni de Pétrarque, mais citait volontiers les chroniques de

François Rabelais qu'il appelait « mon joyeux pays », car Abel venait d'un village près de Chinon. Le portier de Coqueret vénérait Dorat autant qu'il exécrait Robert Dugast, le propriétaire du collège, un rapace qu'on désignait généralement comme l'avarissime harpie. Pour qualifier sa ladrerie, Abel utilisait une image que le franc-parler de mon Ramonet n'aurait pas refusée : « Un lion me sortirait plutôt du cul, que de sa bourse le plus petit écu. »

⋆

Dans ces folâtres équipées, la vie nous paraissait belle. On oubliait les tristesses de l'époque. L'âge d'or que nous voulions ressusciter existait bel et bien dans la lumière de l'été, sous les ombrages, près des fontaines et des rivières.

La plupart d'entre nous avaient grandi à la campagne, Ronsard en Vendômois, Joachim en Anjou, Rémy Belleau en Nogentais, le jeune Bastier en Angoumois, le doux et modeste adolescent Scévole de Sainte-Marthe en Loudunois. Jacques Grévin, mon élève qui adapta en français ma tragédie de *Jules César*, venait du Beauvaisis. Dorat avait poussé comme moi à l'orée des forêts limousines. Notre rêve d'Arcadie a pris sa source dans la nature de notre enfance. Tôt enraciné dans les profondeurs de notre âme, nous en avons conservé le besoin à jamais, comme une tenace nostalgie.

CHAPITRE XI

Partons, Muret, allons chercher ailleurs
Un ciel meilleur, et autres champs meilleurs.
Laissons, Muret, aux tigres effroyables
Et aux lions ces terres misérables
...
Donc si ton cœur tressaute d'une envie
De bien-heurer le reste de ta vie,
Croy mon conseil, et laisse seul ici
En son malheur le vulgaire endurci :
Ou si tu as quelque raison meilleure,
Sans plus tarder, à ceste heure à ceste heure
Dis-la, Muret : sinon marche devant,
Et mets premier les antennes au vent.
...
Voici Belleau, voici d'autre part
Ton Frémyot, des Autels, et Tiard

Ronsard, *Les Iles fortunées,*
à Marc-Antoine Muret.

Dans le cercle de mes amis de Paris, la mort a joué ses jeux cruels. Joachim, Etienne Jodelle, le jeune et blond Bastier, Rémy Belleau, Jacques Grévin, et combien d'autres, emportés depuis longtemps ! Mourir n'est pas effrayant, ce qui est vraiment cruel, c'est de mourir le dernier. Mais Ronsard, Dorat, que j'ai tant aimés et que la mort a épargnés, où sont-ils, ces doux amis d'autrefois ? Mon cœur se brise quand je pense à ceux-là, car ils m'ont enterré sans larmes. La trahison des amis fut pour moi le comble des disgrâces. Quand la prévôté de Paris m'a frappé d'une sentence infamante, quand les juges de Toulouse m'ont condamné à une mort ignominieuse, ils ont gardé le silence et m'ont abandonné. Le doux ami Baïf fut le seul à m'envoyer des lettres en Italie.

Rien, sans doute, n'est moins stable que l'amitié et Ronsard, prince lauré, tout occupé à assister au lever et au coucher des grands, à solenniser en vers dorés les jeux et les deuils de la maison royale, ne voulait plus se commettre avec un homme déshonoré. Le temps referme bien des blessures. De Rome, je lui ai envoyé plusieurs lettres pour lui faire part de ma vie nouvelle, de mes travaux et pour lui demander des nouvelles des anciens compagnons du quartier des Sept-Voies. Avait-il oublié avec quel enthousiasme j'avais accepté de rédiger les commentaires pour la nouvelle édition de ses *Amours* ? Il voyait en moi le « divin Muret », le coryphée conduisant les jeunes poètes loin des misères, des guerres et des bassesses du monde jusqu'au rivage heureux des *Iles fortunées*. « Marche devant, Muret, disait-il, et mets le premier les antennes au vent ! » Je lui ai demandé dans mes messages attristés si nos îles d'utopie avaient été anéanties par la rouge pluie, les sanglantes grêles, un tremblement ou les foudres d'un dieu irascible. Ronsard n'a jamais répondu.

Le nouvel Orphée était sans doute satisfait de ma contribution à l'édition des *Amours*. Il m'a témoigné une reconnaissance exagérée en me dédiant les *Iles fortunées*. En vérité, je n'étais que l'érudit scholiaste éclaircissant ses paraboles mythologiques, je n'étais pas poète. Les élégies, les satires et les épigrammes latines que j'ai publiées chez la veuve de Maurice La Porte l'hiver de l'an 1552, n'étaient que des exercices de jeunesse, des museries amoureuses adressées à Margaris, des pièces de circonstance envoyées aux amis, un bouquet de bien modestes fleurs. Dans la distribution de talents que la divine Providence octroie aux hommes, les lots sont fort dissemblables. A chacun d'en user de son mieux, avec résignation. Au partage de ces lots, le destin m'a attribué le métier de professeur. Dans ma jeunesse, j'ai cru rendre mon sort plus reluisant et mon état moins borné en rédigeant des poèmes. Il m'est également venu dans l'esprit d'aimer une femme. Innocemment, j'ai voulu me convaincre que j'étais poète et que je pouvais m'attacher aux femmes. Après mille incertitudes, j'ai résolu de n'être et de ne rester que ce que je suis véritablement, un professeur diligent que ses inclinations portent vers les formes parfaites d'Alcibiade et de Ganymède ou vers celles, plus robustes, de François Moncaud et de Ramonet Fouteau. Malgré toutes les flétrissures subies, je n'ai jamais voulu me résigner à devenir autre.

⋆

Quand le feu de la podagre me laisse un peu de répit, Lelio me conduit parfois jusqu'au collège des jésuites pour chercher le petit Marc-Antoine. Si le temps est agréable, avant de rentrer, nous faisons un détour vers le mont Palatin. Nous arrêtons le coche près des ruines de la maison d'Auguste, sur le chemin nouveau traversant le lieu où commençait l'antique voie Appia. Il est bordé aujourd'hui de petits entrepôts de marchands établis dans les ruines d'anciennes maisons. Nous grimpons jusqu'aux trois colonnes qui subsistent du temple de Jupiter. Un peu plus haut, se trouvent les vestiges de la maison de Cicéron. Les murs et les trois entrées qui restent sont envahis de lierre et de vignes sauvages, des arbres ont empiété la cour intérieure. Les abords ont été clos par des paysans pour y parquer le bétail. Nous nous asseyons sur un muret de pierres rongées au milieu des tristes éboulis. Je raconte à mon neveu combien Cicéron fut blessé par ses propres disciples au moment où il écrivait son *Brutus*. Marcus Brutus, l'ami auquel ce dialogue sur l'art oratoire est dédié, ainsi que quelques autres jeunes orateurs et poètes commençaient à critiquer l'éloquence de leur maître. Triste époque pour Cicéron. César venait de vaincre à Pharsale, c'était le début de la dictature, le Forum et Cicéron étaient réduits au silence.

Çà et là, pour conjurer la désolation de cette colline, se dressent en majesté des hampes de passeroses. C'étaient les fleurs préférées de Joachim Du Bellay. Pendant son séjour à Rome, Joachim s'est sans doute promené ici, parmi les ruines et les passeroses. A quoi pensait-il en cheminant près des vestiges des enceintes, des cirques, des thermes et des arcs de triomphe de la Rome impériale? «Est-ce la même Rome qui est ensevelie dans la Rome vaincue? C'est bien la même cité qui fut victorieuse puis vaincue», déplorait le poète Janus

Vitalis lorsqu'il vint ici pour la première fois. Même désillusion pour Joachim, parti joyeux pour l'Italie mais qui, déçu de n'avoir retrouvé sur les bords du Tibre les vertus de la ville glorieuse, a déchanté devant la ville cadavre. Ici, il n'a vu que déchéance et grandeur foudroyée. Il n'a pas compris que la cité des Césars renaissait de ses cendres, chrétienne et de nouveau glorieuse. Trop païen, il n'a pas compris que le passé n'était plus rien pour la capitale de la chrétienté. Il n'a rien vu des magnifiques édifices du siècle présent. Aveugle et sourd, n'a-t-il pas entendu les hymnes et les actions de grâces ? Est-il resté insensible au sublime spectacle de cette Rome renaissante, devant les gigantesques conceptions des architectes, sculpteurs, peintres et musiciens ? L'Europe entière est en admiration, mais Joachim quitte Rome le cœur plein de rancœur et de dégoût ! Secrétaire, autant dire valet mal payé de son cousin cardinal, il s'est frotté de trop près aux intrigues, au jeu des rivalités et aux marchandages de la politique romaine. Le métier qu'il exerçait ici ne correspondait pas à cette âme éprise de liberté. Dieu et un carrosse ne suffisent pas, quoi qu'en dise Carlo Borromeo, pour prospérer à Rome. Respirer dans cette cour exige de la dissimulation et de l'onctuosité. Joachim n'avait aucun goût pour la mascarade. Détestant l'hypocrisie, il était incapable de flatter ou de déguiser. Joachim était un véritable poète. Né pour la muse, il déplorait qu'on l'ait employé au ménage.

Mes relations avec Joachim ne sont jamais allées jusqu'à l'intimité. Je pense qu'il ne m'aimait guère. Il était trop tourmenté, trop mystérieux, fragile et épineux tout ensemble, pour se laisser aller en compagnie d'un garçon expansif et débraillé qui cumulait à ce point les désordres. Il estimait peut-être le savant, mais il ne tenait certainement pas à commercer avec l'ivrogne, le paillard, le sodomite. Nous nous sommes connus à Poitiers et revus très souvent à Paris auprès de Ronsard. Nous sommes arrivés en Italie à la même époque, lui à Rome à l'invitation d'un fastueux parent, moi à Venise, pauvre, malade, banni. Curieusement, c'est Joachim qui se lamente, qui parle d'exil et se languit de sa bien-aimée mère, sa grande patrie France et de sa délicieuse petite patrie angevine. Pour avoir fui de France, suis-je devenu un homme sans patrie ? Ceux qui pensent que frontières géographiques, lois, gouvernements, coutumes et langues font la patrie, diront que Muret est un vagabond apatride. Né Limousin, longtemps citoyen errant, j'ai depuis longtemps perdu l'attachement à mon sol natal. Ma patrie s'est évanouie quand ma liberté a été anéantie et je ne pense plus à la France qu'avec indifférence. L'Italie m'a reçu quand j'étais misérable et le professeur vagabond est aujourd'hui citoyen romain. Mais je n'ai jamais eu qu'une seule patrie, une patrie ignorant les frontières des Etats. Elle s'appelle le monde latin et pour tous ceux qui parlent et écrivent en latin, ce monde est patrie universelle. Pour ceux-là, l'exil n'est rien d'autre qu'un passage d'une province à l'autre. Quand les hirondelles sont bannies du climat de France par la froidure de l'hiver, elles partent franchement pour en trouver un autre, plus clément, par-delà les mers. Quand je suis arrivé à Rome, Joachim était reparti pour la France. Je ne l'ai jamais revu, mais je ne puis m'empêcher de penser à lui quand je vague au milieu des ruines de Rome. *Oblectat me, Roma, tuas spectare ruinas*, disait Aeneas Sylvius Piccolomini, le futur Pie II, tout attristé de voir les Romains du siècle dernier détruire les marbres des monuments anciens pour en faire de la chaux. L'ancienne cité devenue son propre tombeau est une puissante illustration de la vanité et de la fragilité des choses humaines. Mon corps ruiné, bientôt cadavre, est en parfaite conformité avec cette décrépitude. Etrangement, lorsque je m'attarde dans ces décombres où la végétation se mêle aux colonnes rompues, je ressens une impression de paix profonde. Dans le spectacle de cette lente et inexorable usure, je vois la rigoureuse image de mon propre destin, une image lourde de signification, mais qui me remplit d'une euphorique mélancolie.

★

Après les méditations funèbres, il est salutaire de s'égayer l'esprit avec des tableaux réjouissants. Quand la tête est bourrelée, je ne connais rien de plus efficace que le vin pour se rafraîchir le sang. La Providence et quelques bienfaiteurs m'ont bénignement gratifié d'un riche assortiment de bouteilles. Ce soir, pour escorter mes souvenirs parisiens, j'ai demandé à Lelio de cueillir dans le cellier un flacon de ceraso, vin napolitain très gaillard, un de ces vins que dans ses *Adages*, Erasme de Rotterdam appelle *vinum theologicum*. Les longs sermons donnent soif. Rien de meilleur, en effet, qu'un vin théologal, pour humecter le palais d'un brave prêcheur après l'homélie. Je ne sais plus quel vieux poète a brocardé l'intempérance des moines avec la boutade *O monachi, vestri stomachi sunt amphora Bacchi* !* Je confesse sans remords que je n'ai pas attendu d'entrer dans les ordres pour chopiner théologalement.

Les excursions aux champs de la joyeuse troupe de collégiens et poètes agroupés autour de Dorat empruntaient beaucoup aux anciennes bacchanales. Le vin coulait en abondance et la fontaine d'Arcueil chantée par Dorat servait surtout à rafraî-

* O moines, vos panses sont les amphores de Bacchus.

chir les bouteilles. Noble source, gloire des fontaines où bruissent les voix sacrées des Naïades, nous ne buvions pas souvent ton eau ! Ronsard déclamait en s'accompagnant au luth un florilège de sonnets et d'odes grecques, latines et françaises, célébrant la fontaine de Villenes, la lymphe de Médan et les amours du dieu Pan. Dorat lui répondait avec d'autres nympheries, mais l'ivresse pindarique virait toujours en griserie. La tête échauffée, la vue troublée, gais comme des moutons fraîchement tondus, nous bondissions dans les prairies, gambadant, voltigeant et nous livrant à des jeux et débordements.

Je tirais parti de ces passe-temps, gambades, culbutes et cabrioles pour me frotter plus intimement à Etienne Jodelle. Etienne avait vingt ans, il était mon élève préféré avant de devenir le plus chéri de mes amis poètes. Entre maîtres et élèves s'établissaient parfois des relations ferventes comme les amitiés antiques. Les disciples se passionnaient pour les travaux d'érudition et les maîtres se plaisaient à se mêler à leurs divertissements. La dévotion des élèves était souvent scellée par des espoirs de gloire. Certaines affinités de caractères et de goûts transformaient parfois la vénération des uns et la sollicitude des autres en attirance réciproque. Etienne et moi n'avons pas mis longtemps avant de comprendre que nous étions de même farine. Notre relation fut d'amitié mais aussi d'acoquinement. La conformité de nos penchants faisait qu'il me regardait non comme un régent à férule, mais davantage comme un grand frère d'élection, un frétillard compère en gloutonnerie, ivrognerie et paillardise. Comédien accompli, il ne laissait rien filtrer de cette complicité pendant mes leçons au collège Boncourt, si ce n'est quelques regards en coulisse lancés à la façon canaille des lurons des couches plébéiennes. Mais, hors du collège, il se livrait à toutes les excentricités. Je m'attendris au souvenir d'Etienne et de toutes nos folies de jeunesse, car je n'ai plus jamais croisé de personnage aussi singulier. La nature humaine est un labyrinthe dans lequel l'ami le plus dévoué se perd. Pour Jodelle, le fil d'Ariane me faisait défaut. Ce garçon, à la fois attirant et enrageant, semblait habité par un démon mystérieux et tyrannique qui le tourmentait à tel point qu'il devenait lui-même démon. Etienne me faisait penser à un monstre de fable, ambigu, ballottant entre l'état de fille et de faune. Fille pour la figure, et même fille d'amour, d'une gracieuseté plus douce que satin, mais toujours prête à griffer et mordre. Mais Satyre du tronc aux pieds, traînant entre ses jambes un monstrueux écouvillon. *Optime mentulatus,* aurait dit Plaute en découvrant l'ample garniture amoureuse de ce garnement.

Etienne n'était pas pensionnaire du collège. A l'âge de quatre ans, il avait perdu son père, un marchand florissant. A vingt ans, il habitait encore avec sa mère, dans une maison à l'angle de la rue des Lombards et de la rue de la Ferronnerie, mais il découchait souvent. Oiseau de nuit, il cherchait son inspiration auprès des muses tavernières dans les tripots clandestins où défilait une faune de mauvais garçons, escamoteurs, putains, charlatans, joueurs de cartes et de gobelet. Dans ces lieux mal famés, il dilapidait son héritage au reversis, au brelan, au lansquenet, et vingt autres espèces de jeux que les ordonnances punissaient de prison et de peines corporelles.

Presque toujours ivre, il perdait bien plus qu'il ne gagnait et les gredins qui jouaient avec lui se chargeaient de remplir sans cesse son verre. Il ne jouait pas par goût du gain, mais comme il était toujours endetté, la soif d'argent le brûlait jusque dans l'âme.

Diable d'argent, mais aussi démon de luxure. Le despote cornu qui le possédait l'induisait de temps en temps aux plus folles extravagances. Le paillard désir couvant dans son sein velu ne voulait se contenter des divertissements propres à son sexe. Etienne aimait à se travestir, comme les Folles Mères de Carnaval, pour racoler dans les cloaques et les coupe-gorge du Paris nocturne les rôdeurs en quête d'aventures insolites.

Pour ses charnelles pâtures, Etienne faisait flèche de tout bois, mais il était surtout alléché par la gent soldatesque. Il disait lui trouver une saveur, un fumet irrésistibles. Las, pour capturer le soudard, dégoiser sonnets et élégies ne suffit pas, les lansquenets étant souvent insensibles au rythme orphique et les hallebardiers peu enclins à discourir avec des peseurs de diphtongues. Le putanat triomphe parfois où la rhétorique échoue. Accoutré en ribaude, frisé, fardé, tout musc, ambre et civette, mon folâtrissime Jodelle faisait la chauve-souris d'amour dans les parages obscurs où les argoulets vont se soulager après la taverne. Plus fier qu'un pet en coque, il me racontait ses débauches par le détail. Quelquefois il s'amusait à les tourner en vers latins à la façon des épigrammes de Martial. Je me rappelle une pièce vraiment cocasse qui relatait la surprise, puis l'émerveillement d'un bragard attiré par le joli minois jodellien, et découvrant soudainement que la belle qu'il venait de becqueter comme font les pigeons, était équipée en place de coquille de Vénus, d'une énorme lardoire. Ses maîtres, non plus que ses compagnons d'études ou ses amis poètes, ne se doutaient de l'étrange vie du jeune Jodelle. On le savait plus paillard et biberonneur que la plupart d'entre nous, on le taquinait parfois pour sa coquetterie et ses façons un peu efféminées, mais j'étais sans doute l'unique confident de ses énigmatiques errements. En effet, il était coquet, il était même l'un des plus élégants écoliers de ce faubourg qui abritait presque tous les collèges. Il venait à Boncourt en hauts-de-chausses bariolés, jaquette de velours, bottes molles en cuir fauve qui lui montaient jusqu'au gras du mollet et coiffé d'un bonnet plat de fourrure.

En descendant la ruelle des Sept-Voies, nous croisions parfois quelques malheureux écoliers de Montaigu, le plus rigoureux et le plus misérable collège du quartier. Les élèves y crevaient de faim et de froid dans des cellules sales et puantes où grouillaient rats et vermines de toutes sortes. Ce collège de pouillerie avait pour mission de dresser ses pensionnaires par le jeûne perpétuel et la flagellation. Une éducation à coups de verge et de haricots sans lard. Ils ne mouraient pas tous, et les survivants étaient certes décharnés comme des squelettes de danses macchabées, pâles comme des linceuls, sales et vermineux comme des chiens galeux, mais tous étaient solidement armés pour les controverses, les débats et toutes discussions *de omni re scibili et quibusdam aliis*. Eté comme hiver, ces pauvres enfants étaient vêtus d'un triste petit manteau gris-brun, une sorte de cape sans plis et sans ornements comme celle des frères mendiants. A cause de leur vêture, les écoliers de Montaigu étaient surnommés les *capettes* par les fringants et peu charitables galantins des collèges moins dogmatiques.

Parfumé de fine marjolaine, fraisé comme un veau d'étalage, Etienne prenait un cruel plaisir à railler ces malheureux en virevoltant autour d'eux avec une litanie d'injures en latin macaronique : *capetta pedicosa, capetta pulicosa, capetta doctissima, capetta macilenta, capetta sordida, capetta eruditissima, capetta putidissima, capetta tota ossa et pellis**...

Je lui faisais ravaler ses peu chrétiennes invocations en lui rappelant que ces pauvres garçons ne s'étaient pas emmurés dans la geôle de Montaigu par vertu d'ascétisme ou par goût des châtiments, que la plupart étaient enfermés là par des parents voulant les éloigner des mauvaises compagnies. Quand j'ai suggéré que sa mère aurait mieux fait de l'inscrire lui aussi dans ce séminaire d'austérité pour réduire son intempérance et sa paillardise, Etienne m'a répondu comme la flûte au violon : « Et tu ne m'aurais pas connu et je ne t'aurais pas connu ! Cela dit, j'eusse sans doute fait meilleure capette que toi bon magister en cet hôtel de lésine et de pénitence. Les capettes y font chère lie avec un demi-hareng ou la moitié d'un œuf, mais la portion des maîtres y est beaucoup moins misérable : le hareng est entier et l'œuf aussi. Je te vois bien pantagruéliser avec un intégral hareng. *Ne quid nimis !* Mon bien-aimé maître. »

---

* capette pleine de poux, capette pleine de puces, savantissime capette, capette malingreuse, capette malpropre, capette omnisciente, capette malodorante, capette toute en os et peau !

Etienne était aussi gentil compagnon de gueule qu'habile équipier dans les ébats amoureux. Les voluptueux à table tiennent souvent de la bête au lit. Jodelle n'était pas paresseux en amour. L'inconstance était notre règle car de l'uniformité naît l'ennui. Diversité de mets donne nouvel appétit. Qui a goûté chapon lundi, voudra jarret mardi et gigot mercredi. Quel gourmand se délecterait à engouler toute l'année les mêmes tartes de massepain, fussent-elles aromatisées à l'eau de rose ou de fleur d'orange ? Les tourtes au musc, dragées, pistaches et cédrats, les croustillantes roinsoles sont là, à portée de bec, dans les ouvroirs des pâtissiers pour lui divertir le palais. Selon le temps qu'il fait, suivant son humeur et fantaisie, le videur de barils boira vin d'Irancy ou d'Orléans, d'Argenteuil ou d'Issy, un jus de Saint-Cloud ou de Suresnes. Par fidélité pour Cicéron faut-il bouder Aristote, et renoncer aux splendeurs d'Horace, aux grâces de Catulle, aux obscénités de Martial pour les seules beautés de Virgile ? Le mondain dameret qui court les bals et mascarades est aussi agile et prompt à danser la pavane que la gaillarde, la morisque ou le branle. Les brigands d'amour s'égaillent et courent à l'aventure comme les fringants papillons volettent de fleur en fleur. Les âmes timorées et scrupuleuses, les cerveaux épais qui voient un crime où les esprits libres et légers ne voient que badinages pourront fulminer haut et fort si ces confidences tombent un jour sous leurs yeux. Que Dieu veuille les absoudre, et que je sois absous moi aussi. Les bougres sont ennemis de la nature, clament ceux qui prétendent appartenir à la bonne compagnie. Tout aimé et applaudi que j'aie été comme professeur et comme savant, certains ne me pardonnaient pas de n'avoir pas rompu avec la mauvaise. Pour ces apôtres de l'amour conforme aux livres canoniques, voici un syllogisme joliment cornu : De ceux qui sont de complexion bougresse, je dirai que bougrerie leur est naturelle. Si bougrerie est naturelle, les bougres ne sont pas ennemis de la nature. Si ce qui est naturel n'est point honteux, j'affirmerai qu'il n'est pas honteux d'être bougre. *Naturalia non sunt turpia**. Avec Ramonet et son compère Gervais, j'avais scellé une sorte de pacte d'alliance pour forniquer en indivis. Nous échangions nos plus belles captures, et parfois, par excès de fraternité, nous lardions de conserve le même mignon. Etienne s'est plié à la loi de notre petit marché sans politiquer. Mes deux calamités incarnaient à ses yeux un parangon de beauté virile auquel il n'a jamais su résister. Les volutes musculeuses de mon Ramonet, le sourire carnassier du radieux Gervais, l'odeur de pilori qui flottait autour de ces gredins lui ont vivement retourné les moelles.

---

* Ce qui est naturel n'est pas honteux.

Pour désigner notre paillarde congrégation, j'ai forgé la doctorale formule de « polyandrie adelphique », une petite pédanterie qui amusait beaucoup Jodelle. Je conviais parfois mes compagnons à un repas de Lucullus dans une des bonnes tavernes et rôtisseries de la rue de la Huchette ou de la rue aux Ours, où, jour et nuit, devant un feu d'enfer, tournoyaient les chapons embrochés, les jarrets de veau, les gigots de chevreuil et des chapelets d'oisons, de canards, de pigeons. De nombreuses régions de France briguaient le titre de province la mieux rôtissante, mais, dans cette compétition, Paris triomphait de toutes, car on y trouvait à profusion toutes les denrées qui font l'orgueil de chacune d'elles. Les marchandises affluaient de Normandie, d'Auvergne, de Bourgogne, de Limousin et de Picardie.

Pour un teston, le cabaretier vous servait entrée et ragoût, pour un écu, en moins de temps qu'il ne faut pour dire un bénédicité, il vous apportait viandes, tourtes et pâtés, pour vingt écus il vous aurait confectionné du phénix en sauce. On desséchait les coupes à tire-larigot dans un coude à coude bourru avec une engeance tavernière bigarrée composée d'écoliers, de basochiens, de gentils hommes et de bourgeois qui le matin s'étaient agenouillés dévotement devant la tabernacle et s'enivraient le soir en chantant des obscénités. Mangeurs de lard en carême proférant d'horribles jurons, marchands buvant leur bénéfice quotidien pour l'évacuer sur le pavé des cours, spadassins en quête de querelles, pages décagés des écuries royales, garnements plus effrontés que des geais, et aussi, Dieu leur fasse miséricorde, récollets et minimes ribauds faisant escapade pour s'enivrer, se goinfrer de grasses délices et confirmer la vérité du vieux dicton : *Monachorum nihil aliud est quam facere, esse, bibere**.

J'ai compris plus tard, mais trop tard, que ce sont nos équipées dans les cabarets et dans les bordelières étuves qui ont entraîné notre perte. Le vin mettait souvent Ramonet en humeur de confidences. Il se glorifiait volontiers de ses débauches et brigandages, oubliant que des agents de la prévôté surveillaient secrètement les mauvais lieux, chargeant garçons de cabarets et garçons de bains d'avoir l'œil sur les clients.

---

* La vie des moines ne consiste qu'à manger, boire et paillarder.

CHAPITRE XII

Je te salue ô luth harmonieux,
Raclant de moy tout le soin envieux,
Et de mes amours tranchantes
Les peines, lors que tu chantes.

Ronsard, *A son luth.*

J'étais jeune et fort affligé de ce mal sournois qu'on appelle bonne santé. Pour les casuistes implacables, la santé est mère de tous les vices. Elle est l'ardent nuitard qui entraîne les vigoureux vers les gouffres de la volupté. Plus affriandé par les poètes élégiaques que par les disputations des théologiens, j'ignorais que la goutte de saint Grégoire, la migraine de saint Paul et l'estomac retourné de saint Bernard étaient des cadeaux envoyés par la Providence, que la maladie était mère des vertus et promesse de ciel. J'étais un bragard exubérant, mais c'était moi seul, et non la fatalité, qui minais le sol sur lequel je batifolais. Le désastre ne se serait pas produit si j'avais croisé plus tôt l'astre qui a bouleversé ma vie au cours de la deuxième année de mon séjour parisien. Trente-deux années se sont écoulées depuis notre rencontre, mais ma main tremble autant que mon cœur au moment où j'écris son nom sur ce cahier. Il s'appelait Luc-Memmius Frémyot et venait de Bourgogne pour achever ses études latines au collège de Boncourt. Son père, Jean Frémyot, était conseiller au parlement de Dijon.

Avant de connaître Memmius, je n'avais que mes sens pour aimer. Il m'a fait découvrir que j'avais un cœur. Auprès de lui, j'ai compris combien l'amour sensuel est malingreux. La promesse de volupté le stimule, son approche l'affaiblit, son exaucement l'anéantit. Pour aimer véritablement, les sens ne suffisent pas, car la chair assouvie aussitôt se lasse.

Seul un ange pouvait opérer une si belle conversion et Memmius était radieux comme un ange. La vertu fut rarement aussi bien logée, on la trouve plus aisément chez les êtres maltraités par la nature. Dans le premier livre de l'*Eloge de la folie*, Erasme de Rotterdam évoque les Silènes d'Acibiade, vieux satyres hideux qui tournaient autour des pressoirs. L'un d'eux fut le précepteur du jeune Bacchus. Il était laid et chauve, mais derrière cette enveloppe risible se cachait une âme emplie d'images divines. Alcibiade comparait son maître Socrate à cette disgracieuse créature : Silène au visage camus abritant un esprit supérieur. Le masque du bouffon cache un sage. Les qualités les plus élevées sont celles qui demeurent secrètes pour les distraits et les profanes. Qu'est-ce que le monde, sinon un théâtre d'illusions où tout est feinte et artifice, une comédie où paradent une foule de Silènes inversés, des jeunes gens beaux d'aspect mais médiocres et corrompus à l'intérieur ? Mais il n'y a point de règle qui n'ait quelque exception, même dans cette trompeuse mascarade. Memmius était l'un de ces heureux élus chez qui la beauté physique se confondait avec la beauté de l'âme. Je l'ai comparé à un ange car il y avait quelque chose d'angélique dans son visage toujours souriant, une délicatesse un peu mélancolique qui me rappelait certaines figures des cathédrales. Mais au cours de nos équipées campagnardes, lorsqu'il sortait d'une rivière pour s'élancer dans les prairies, l'ange se métamorphosait en athlète des temps homériques. Il personnifiait alors cette beauté idéale célébrée par les artistes et les philosophes de Florence au siècle dernier, ceux qui voulaient réconcilier le christianisme avec les doctrines de Platon, les saints avec les Muses.

*

Mes folâtres compagnons avaient compris que ma liaison avec Memmius n'était pas de pur caprice. Mon ami fut aussitôt adoubé. Il était moins gaillard et turbulent que la plupart des jeunes poètes de la troupe et, pour cette raison, ceux-ci le traitaient avec une sollicitude mêlée de déférence. La nature n'accorde qu'à peu de mortels le privilège d'être à la fois beaux et discrets. Cet assemblage rare a quelque chose de mystérieux qui inspire un respect proche de la piété.

Memmius était pensionnaire du collège, mais son tempérament réservé et solitaire s'accommodait mal avec la vie en communauté. Trois mois après son arrivée, il s'installa auprès de moi dans le logement que j'occupais rue Pavée. Sa présence a mis fin à mes désordres. J'ai faussé compagnie à mes compagnons de débauche pour des occupations studieuses auxquelles mon Frémyot prenait part avec enthousiasme. Il me fut d'un grand secours alors que je rédigeais mon commentaire pour les *Amours* de Ronsard. Des nuits entières, il collationnait les textes d'auteurs grecs et latins pour vérifier mes interprétations des termes mythologiques. «Je m'instruis en m'amusant», disait-il. Ronsard nous rejoignait souvent pour apprécier les progrès de l'ouvrage et me donner de plus amples informations sur ses sources d'inspiration. Il était très touché par l'affection mutuelle, l'affection de même degré qui régnait entre Memmius et moi. Evoquant notre amitié, il prononça le mot miracle. Une pareille transfusion de deux âmes tient, en effet, du surnaturel.

Notre liaison fut consacrée comme une union par une sorte de sacrement poétique administré par Ronsard dans le poème des *Iles fortunées* : « Partons Muret, allons chercher ailleurs un ciel meilleur... Voici Belleau, voici d'autre part ton Frémyot. » Et, sous mon portrait ornant les pages liminaires des *Amours*, Ronsard fit mettre des vers latins de mon

Frémyot. Memmius n'a jamais pressé le pas pour grimper au Parnasse. S'il composa quelques pièces poétiques, ce ne furent que vers de collège, épigrammes et épîtres de circonstance pour célébrer ses professeurs et ses amis. Il ne manquait à aucune leçon et montrait une grande diligence dans ses études, mais lorsqu'il refermait les livres, il se consacrait plus que tout à la musique.

On dit que la musique a le pouvoir de rapprocher des cœurs qui ne s'accordent pas. Alors, comment déchiffrer les émotions, les vertiges, l'exquis enivrement qu'elle entraîne chez deux âmes tendrement unies ?

J'ai toujours chéri la musique. Mon voyage ici-bas s'achève, mais je ne crains pas la mort car, depuis longtemps, la musique m'a fait entrevoir ce qu'était le Paradis.

Je l'ai cultivée comme le font les profanes, sans être sérieusement initié à cet art. J'étais assez habile à la viole et j'aimais chanter. La nature m'a gratifié d'un organe bien timbré, puissant et cependant velouté, qui emprunte à la tonalité profonde du hautbois, une de ces voix qu'on appelle basse-taille. J'en ai beaucoup joué en chaire, en me servant de toutes sortes de modulations et d'inflexions pour captiver mon auditoire. Orateur à voix grêle et mal posée, j'eusse été moins applaudi.

Ronsard qui rêvait d'un parfait accord entre la poésie et la musique – les deux n'étaient-elles pas liées depuis l'origine ? – avait forgé ses vers de telle sorte qu'ils pouvaient être chantés.

J'ai été le cadet des quatre musiciens qui ont mis ses vers en chansons, une offrande musicale de dix airs publiée par la veuve Maurice de La Porte l'an 1552. Ronsard avait sollicité Clément Janequin, vieillard de presque soixante-dix ans, languissant et accablé de chagrins, mais encore nimbé de la gloire que lui avait procurée le chant de guerre composé pour la victoire du roi François sur les Suisses à Marignan. Plus viridant était Pierre Certon, le maître des enfants du chœur de la Sainte-Chapelle pour lesquels il avait composé une suite de psaumes. Les élancements dévots de cet honnête chapelain étaient tempérés quelquefois par des tentations beaucoup plus temporelles. Ses chansons galantes ont fait fureur. Elles ont chatouillé François Rabelais à l'endroit sensible, assez pour qu'il inscrive le nom de Certon sur la liste des musiciens célèbres du temps. Pierre Certon ne pouvait rivaliser avec l'élégance tendre et joyeuse des chansons de Claudin de Sermisy, mais c'est à lui et non à Claudin que Ronsard fit appel. Certon venait de publier son grand recueil de chansons en forme de vaudeville, genre peu apprécié par notre ami Du Bellay. Les deux airs offerts par Certon étaient pourtant de cette farine. Tout comme Janequin, il s'est tenu aux sonnets. Sans doute ne se sentait-il pas l'aile assez vigoureuse pour s'élever à la hauteur de l'ode. A pareil élan ne pouvait se risquer qu'un musicien béjaune ou un maître habitué aux tâches ardues. Nanti de plus de présomption que de talent, j'ai osé porter mon choix sur l'une des odes les plus populaires de Ronsard, *Ma petite colombelle.* Plaisante mais imparfaite tentative, qui ne pouvait se mesurer avec la brillante envolée de Claude Goudimel, le quatrième musicien convié pour le florilège. Goudimel venait de Franche-Comté. Il avait séjourné quelque temps en Italie avant de se rendre à Paris, deux ans avant moi, pour étudier à l'Université. Nous nous sommes connus chez Jean de Brinon, le protecteur des artistes. J'avais dédié mon recueil de poèmes à cet éminent conseiller du roi. Claude Goudimel avait fait de même pour son premier livre de psaumes de Clément Marot. Goudimel était très instruit, son latin était d'une grande pureté et son engouement pour les lettres lui avait assuré l'amitié des poètes et tout particulièrement celle de Ronsard. On le trouvait le plus souvent dans la boutique de l'éditeur de musique Du Chemin, rue Saint-Jean-de-Latran, où il exerçait comme correcteur. Grâce à lui, cet atelier d'imprimerie devint une petite académie, le rendez-vous des musiciens, poètes, érudits et curieux. A cette époque, la ville et la Cour retentissaient déjà de ses louanges, mais Goudimel, voulant rester libre et maître de lui-même, avait décliné toutes les offres d'engagement.

De six ans mon aîné, il commençait à grisonner prématurément par ses cheveux ras et par sa barbe. Il émanait de sa personne une autorité débonnaire, une force de cœur qui me touchaient et me rassuraient. Je recherchais la compagnie de cet homme serein et libre. C'est au vieux Flaccus que je dois nos plus belles heures d'intimité. Goudimel voulait mettre en musique des odes d'Horace. Il m'a demandé de l'aider à choisir les poèmes et d'en faire une traduction. J'étais très touché par la confiance dont ce maître a bien voulu m'honorer, et très ému par sa ferveur pour un poète latin. En témoignage de gratitude, je lui ai offert une petite suite de poèmes sacrés. Les odes d'Horace et mes chansons spirituelles ont été publiées après ma fuite vers l'Italie. A l'heure où bien des proches m'ont rejeté, le fidèle Goudimel a courageusement fait graver sur la partition, à côté du sien, le nom d'un ami frappé d'une condamnation infamante.

L'évocation de Goudimel m'est douloureuse et la douleur a des cordes sur lesquelles, même par le souvenir, il vaut mieux ne pas appuyer trop longtemps.

Au mois d'août de l'année 1572, le gouverneur de la ville de Lyon avait fait enfermer plus de mille huguenots dans les prisons de la ville, pensant les protéger des fureurs populaires en les confiant aux gens du roi. Il ignorait alors que la volonté formelle du monarque était que Lyon suivît l'exemple des massacres opérés à Paris quelques jours plus tôt, pendant la nuit de la Saint-Barthélemy. Le gouverneur, intimidé par les vociférations du peuple, n'osa résister. Les sicaires de la milice urbaine coururent vers les couvents, les prisons, et jusque dans le palais de l'archevêque, pour égorger tous ces malheureux comme le bétail dans les abattoirs. Telle fut la fin de mon ami Goudimel.

Quelques mois avant ces événements, le Sénat romain m'avait choisi pour prononcer à Sainte-Marie du Capitole un discours à l'occasion de la victoire de Lépante et du retour d'Antoine Colonna qui avait commandé l'escadre pontificale dans cette glorieuse bataille contre les Turcs. Le pape Pie V s'est éteint en mai 1572, mais son successeur, voulant récompenser le panégyriste des vainqueurs de Lépante, m'a décoré alors du titre très envié de citoyen romain.

Qui consent aux honneurs en accepte aussi les servitudes. Le roi de France avait envoyé à Rome un ambassadeur extraordinaire pour témoigner de son dévouement au nouveau pape. Toute la ville retentissait de chants d'allégresse pour fêter la victoire des catholiques français sur les séditieux hérétiques. Un solennel *Te Deum* était chanté en l'église Saint-Louis et le cardinal de Lorraine célébrait une messe d'action de grâces en l'honneur de la Saint-Barthélemy.

Ma harangue sur la victoire de Lépante avait

tant plu qu'en décembre on me demanda de prononcer un discours pour glorifier le massacre. Je m'inclinai avec une lâche complaisance. En gage de ma soumission, je fis l'éloge de cette hécatombe jusqu'à l'excès, parce que je ne suis pas héroïque, parce que j'avais peur et que la peur conduit les hommes faibles dans le camp du plus fort. L'ombre de Goudimel hante souvent mes nuits et, tout prêtre que je sois, je ne puis m'accorder cet acte d'indulgence et de miséricorde qu'on appelle absolution. Dans les desseins de la bonté divine, la religion fut toujours l'instrument de la paix et de l'amour, mais dans les mains des méchants, elle devient la plus redoutable arme de guerre et de vengeance.

*

Violes, mandorles, théorbes et tambourins, citoles et hautbois, bassons et cornets, violons et rebecs, harpes et psaltérions, chansons d'étudiants, refrains de soldats, cris des marchands de la rue, rondes enfantines, joyeux fredons de cabarets, bals de la Cour, voix célestes et bourdonnements d'orgues... Paris résonnait nuit et jour et vibrait à l'unisson dans une ample symphonie spirituelle et profane. La musique était souveraine à Boncourt et plus encore chez Dorat au collège Coqueret où, du matin au soir, frémissaient les lyres. La guitare de Ronsard portait sur son fût les initiales entrelacées du poète et de sa Cassandre, Baïf fredonnait avec une égayante volubilité le *Caquet des femmes* et le *Chant de l'alouette* de Janequin. Dans la chambre de Dorat, un luth reposait à plat sur un instable échafaudage de livres et manuscrits.

Héritier de l'antique lyre, le luth est l'instrument des Muses, l'instrument divin dont le timbre discret, un peu voilé, exprime le mieux les sentiments les plus secrets. La vibration chaleureuse de ses cordes redoublées, la gravité crépusculaire du bourdon, les gaietés ingénues de la chanterelle, ses accords aux prolongements diffus, sa sonorité tempérée faite de rayons et d'ombres lui défèrent une sorte de pouvoir magique, l'équivalent d'un philtre amoureux. Les accents du luth engendrent une mélodie mystérieuse, un peu étouffée comme un murmure mélancolique, on dirait presque un fantôme de mélodie. Il n'accompagne pas simplement le chant, mais l'enveloppe d'un nimbe discret, énigmatique et tellement voluptueux qu'on peut parler de noces mystiques du luth et de la poésie. *Omnium instrumentorum princeps*, oui, instrument roi pour les connaisseurs raffinés. Jamais il ne tombe aux mains des profanes, car jouer du luth demande une grande virtuosité. Déchiffrer la notation implexe des tablatures du luth n'est pas à la portée d'un novice, et pour ce qui est d'accorder cet instrument, la difficulté est si grande que l'on raille volontiers sur ce sujet : les luthistes passent tellement de temps à s'accorder, qu'il ne leur en reste plus pour en jouer!

A Dijon, Memmius avait cédé dès son enfance à la troublante vibration du luth. Il lui demeura toujours fidèle. Un de ses parents lui avait rapporté de Venise plusieurs livres de tablatures imprimés au début du siècle, avec des pavanes, des ricercars et autres pièces des musiciens Petrucci, Spinaccio et Dalza. Dans ces recueils, il avait patiemment étudié l'art difficile de cet instrument, et lorsqu'il en eut connaissance solide, il s'appliqua à transformer ces airs à sa guise, en modifiant les rythmes, trouvant des harmonies nouvelles, brodant sur les thèmes selon son inspiration. L'inspiration ne peut s'enseigner, elle peut à peine s'expliquer. Le talent, en revanche, ne s'acquiert que par l'exercice et avec le temps. Si, grâce à sa persévérance, Memmius réussit à jouer avec talent, l'inspiration, ce don naturel qui n'est accordé qu'à certains, lui permit tous ces nouveaux contrepoints.

Il était trop modeste et trop craintif pour jouer devant un public. Son caractère suave mais inapprivoisé répugnait aux scintillements d'un monde dans lequel il aurait pu briller par son intelligence, ses talents et sa grande beauté. La société, disait-il, n'est que dissimulation, rivalités et vanités, je refuse d'en devenir le hochet. Il ne dérogeait à sa réserve que dans l'intimité, pour de rares amis comme Ronsard qui, malgré sa grande surdité, versait des larmes en écoutant son luth. Memmius avait transcrit pour son instrument les chansons que les musiciens avaient composées sur les vers du poète.

Pendant ses heures de liberté, Memmius rejoignait souvent Goudimel dans la boutique de Du Chemin pour recopier des musiques nouvelles et découvrir d'anciens recueils. Goudimel était émerveillé par l'amour que le jeune homme portait à la musique et par son talent de luthiste. Le soir, il nous rejoignait quelquefois dans mon logis que Goudimel appelait son discret salon de musique. A chaque visite, il s'extasiait devant la splendeur du luth de Memmius, un instrument fabriqué par Gaspard Duiffopruggar, le maître luthier de Lyon. Le conseiller Frémyot avait offert ce chef-d'œuvre à son fils pour ses dix-sept ans.

Memmius jouant du luth, le tableau est plus facile à imaginer qu'à décrire. La grâce à la fois majestueuse et familière avec laquelle ce garçon épousait la courbe voluptueuse de son instrument, l'élégance de ses gestes, son poignet délicat et ses belles mains jouant sur les cordes, son visage tantôt enjoué, tantôt mélancolique, restent à jamais dans ma mémoire comme une image de perfection radieuse mais fragile, car le spectacle de la beauté est toujours voilé par d'étranges pressentiments.

CHAPITRE XIII

Evoé ïach ïach.
Tout forcené, à leur bruit je frémis
J'entrevois Baïf, et Rémy,
Colet, Janvier et Vergesse, et le Comte,
Pascal, Muret, et Ronsard qui monte
Dessus le bouc, qui de son gré
Marche, afin d'être sacré
Aux pieds immortels de Jodelle,
Bouc le seul prix de sa gloire éternelle :
Pour avoir d'une voix hardie
Renouvelé la Tragédie
Et déterré son honneur le plus beau
Qui vermoulu gisait sous le tombeau
Iach, ïach Evoé
Evoé, ïach ïach.

Ronsard, *Dithyrambes à la pompe du bouc de E. Jodelle* (1553).

Socrate a dit qu'un homme sans infortune est une fable. Seul un fou peut prétendre à une félicité fixe et complète. J'étais heureux, j'étais aimé, je vivais à ma fantaisie et rien ne laissait présager le malheur qui allait bientôt fondre sur moi. Pourtant, une voix intérieure, inquiète et vague, une petite voix lancinante me disait : la fortune n'est qu'un leurre. Seuls les méditatifs, les organisations nerveuses et émotives, sont tourmentés par de semblables prémonitions. Elles ne m'avaient jamais troublé quand j'étais frétillon et volage. Avant de m'attacher à Memmius, j'étais comme possédé par un esprit de vertige, je vaguais telles ces planètes errantes, ces comètes vagabondes, ces nuées arides qui sont le jouet des vents. Je ne respirais que la liberté d'aller et venir en des lieux toujours nouveaux, pour des aventures sans lendemain. L'amour et la constance ont réformé ma conduite. Avant que Fortune, cette versatile déesse, ne me prenne en aversion, j'ai vécu à Paris les plus beaux mois de mon existence.

L'ami Jodelle me faisait savoir, par toutes sortes de moqueries, qu'il était fâché d'avoir perdu son compère. Il continuait de frayer avec Ramonet et son lige acolyte Taurel et me rapportait par le détail tous leurs dévergondages. « Qu'on m'escouillonne, qu'on me coupe les triquebilles, disait-il, si une aussi prompte conversion n'est pas promise à de glorieuses rechutes. »

Etienne était un bizarre mélange de grossièreté et d'extrêmes raffinements. Il desservait ses talents de poète par sa futilité, son indiscrétion et par son air de jactance qui semblait toujours quêter les ovations. Il lui manquait les qualités de l'intelligence virile. A force de singer les femmes, il pavanait de plus en plus comme les plus insolentes de l'espèce, les putains ou pis encore, les femmes de la Cour.

Les applaudissements tant espérés lui furent prodigués à satiété au carnaval de 1553, lorsque sa *Cléopâtre*, une pièce inspirée par la vie de Marc Antoine de Plutarque, fut jouée devant le roi chez le cardinal de Lorraine en son hôtel de Reims, puis dans la cour du collège Boncourt. Jodelle avait fait grand battage. Ses condisciples de Boncourt avaient convoqué les élèves de Coqueret et de quelques autres collèges. Une affluence de jeunesse embrasée d'avance pour ce spectacle tout nouveau bondait la cour. Aux fenêtres arrangées en place d'honneur siégeaient les régents et les invités éminents. J'en ai partagé une avec Turnèbe, le professeur de grec du collège, et son neveu, le jeune avocat Etienne Pasquier. Ronsard, Baïf et mon Memmius occupaient la fenêtre voisine. Plus loin se tenaient Dorat et Buchanan.

Je ne veux pas chicaner les mânes du pétulant Etienne, mais la vérité m'oblige à dire que sa *Cléopâtre* était un fruit de brigandage. Baïf voulait écrire cette pièce. Il en avait dressé le plan et c'est à lui que devait revenir l'honneur de la première tragédie écrite en français. Il reculait un peu devant la tâche, se demandant comment pareille nouveauté serait accueillie. Pendant qu'il hésitait, Jodelle s'est emparé du projet. Il a rimaillé à bride avalée et son impatience à arriver le premier porta préjudice à cette *Cléopâtre* qui fourmille d'incorrections, de répétitions pénibles, d'incongruités et d'expressions grossières. Qu'importait ! Le public était ébloui, Paris tenait son Sophocle et le doux Baïf n'a point gardé rancune au brigandeau. Il fut même au premier rang pour fêter son triomphe.

Une vingtaine d'écoliers parmi les plus jeunes du collège formait le chœur des femmes d'Alexandrie. Les rôlets principaux étaient joués par plusieurs de mes élèves. Je me souviens de Rémy Belleau en costume d'Antoine, de Bastier et de Jacques Grévin le mignon Picard. Mais le phénomène vivant du spectacle, la folle merveille de velours et de soie fine, ce fut Etienne en reine d'Egypte. Plus garce que reine, prenant des postures plus lascives que celles des figures de l'Arétin, Etienne a provoqué un rire général lorsque Cléopâtre gémit : « … je ne peux égaler au souci, qui pétillant m'écorche le dedans… » Mon bien-aimé Etienne, mon mirifique Etienne voulait être reine ! Il régna, quelques heures seulement, un jour de carnaval. Quelques langues vipérines ont caqueté, affirmant qu'il n'avait fait cette tragédie que pour capriquer en vertugadin, passements et dentelles et se poudrer le museau d'ambre et de musc. Langue d'aspic à mon tour, j'ajouterai que la reine d'un jour s'est précipitée dès le lendemain dans une étuve du quartier des mégissiers, pour se faire anéantir le croupion par le robuste Ramonet Fouteau. Une conduite prouvant sans réplique que pour être entièrement femme, il faut être à la fois reine et ribaude.

Le roi l'ayant gratifié de cinq cents écus pour sa tragédie, Jodelle s'est cru dauphin de Paris. La vanité lui a fait tourner la tête, un accident assez commun chez les novices, et auquel il est difficile de remédier. Persuadé qu'on arrivait promptement lorsqu'en plus du talent on possède aussi la naissance, Etienne s'est proclamé seigneur du Limodin, du nom d'une petite terre que sa mère avait héritée en Brie. Je lui ai dit que les parchemins de notaire ne faisaient pas les gentilshommes, qu'il vaut mieux être souche que rejeton et que c'est grande tricherie de se parer d'un titre sous prétexte qu'on possède douze rangs de betteraves ou quelques arpents de seigle près d'une pauvre ferme. Etienne a rétorqué de façon péremptoire qu'il fallait blâmer l'époque, une époque où tout n'était que duperie : les laitières mêlent l'eau à leur lait, les aubergistes mouillent leur vin, les poissonniers aussi ont des procédés pour rafraîchir leur marchandise avariée, les accapareurs cachent le grain pour spéculer sur la hausse, les juges châtient en autrui ce qu'ils commettent eux-mêmes, les charges, offices et ministères ne sont que gueuserie honorable, les médecins sont des bourreaux patentés, les gens d'Eglise et de cloître gaspillent l'argent des aumônes dans les cabarets, et la fine fleur des princes n'est qu'un ramas de bâtards, d'hypocrites et de coquins. Et moi, mon vénéré maître Marc-Antoine, *ille ego sum Stephanus, clamosi gloria circi, plausus Lutetia, tui, deliciaeque breves* *.

Pour cette plaisante révérence au poète favori des Romains, mon élève méritait d'être fêté à l'antique. Aussi ai-je suggéré à Dorat, Ronsard et Baïf d'organiser un banquet champêtre et bachique pour célébrer le triomphe de la *Cléopâtre* et de son auteur. La cérémonie eut lieu au village d'Arcueil

---

* Adapté d'une épigramme de Martial : « Je suis cet Etienne, la gloire du cirque aux mille voix, qui fut, ô Paris, l'objet de tes applaudissements. »

sur les bords de la rivière Bièvre, un site pastoral que Dorat affectionnait plus qu'aucun autre. Ronsard fut l'ordonnateur de cette grande pompe. Etienne, la tête couronnée du lierre de Bacchus, marchait en tête du païen cortège. Derrière lui, cabriolaient Baïf, Belleau, Dorat, Bastier, Grévin, Goudimel, les adolescents qui avaient figuré dans le chœur de *Cléopâtre*, des amis d'Etienne, quelques supposées bacchantes et une petite escorte de faunes qui dansaient torse nu en criant *Evohé! Evohé!* A cette mascarade, il ne manquait que le char de Dionysos attelé à des panthères. Pour suppléer ces fabuleux félins, nous n'avions que maître Priapus, le vieux mais toujours fringant baudet du portier de Coqueret. Le lubrique roussin d'Arcadie tirait avec vaillance et bonne humeur une carriole chargée de bouteilles et d'instruments de musique. Avant de nous rendre à l'auberge du village où rôtissaient en abondance chapons, chevreaux et agneaux nouvelets, nous avons fait escale devant la fontaine d'Arcueil pour donner une aubade à Jodelle. Au son des trompettes, rebecs, flûtes et tambourins, nous avons dansé gigues, branles et gaillardes en tournoyant autour de la fontaine avec force révérences, balancements et salutations pour singer les gentilshommes satinés et emperlés de la cour. Sous la haute direction de Goudimel, le chœur de Coqueret a entonné à voix couplées une série de chansons à boire en vogue dans toutes les tavernes de Paris. Pour l'avoir souvent chantée, je me rappelle celle-ci, de Claudin de Sermisy :

Hau hau hau je bois
Prions à Dieu, le roi des rois
Garder ces gentils vins françois
Si en buvons six pots pour trois
Pour mieux nous éclaircir la voix
Buvons d'autant je m'y envoie.

Abel, le portier de Coqueret, était de toutes les fêtes. Pour rien au monde il n'aurait manqué à celle-ci. Les dieux ne lui ont accordé ni la croupe arrondie d'un Bacchus adolescent ni les boucles dorées de l'échanson de l'Olympe, mais il officiait néanmoins comme un Ganymède confirmé, remplissant sans cesse nos coupes de vin blanc de Bagneux ou de nectar de son pays, un capiteux vin rouge de Chinon. Ronsard et Baïf, tous deux fort échauffés par ces copieuses libations, se sont échappés au moment où le cortège se rendait à l'auberge. Informé par Dorat de la solennité de la célébration, le tavernier avait orné la table de pampres de vigne et de rameaux de lierre. Il avait enrôlé les plus gracieuses filles du village et les plus attrayants gaillards pour trancher et servir. Etienne venait de se poser dans l'imposante cathèdre qui trônait à la place d'honneur, quand Ronsard et Baïf ont surgi en compagnie d'un bouc colossal, une monstrueuse combinaison de faune, de satyre et d'aegipan, avec des cornes ornées de feuillage, comme ceux que l'on sacrifiait à Dionysos dans les cérémonies antiques. Baïf tirait l'animal par un licol pendant que Ronsard, à chevauchon sur la bête, scandait des hexamètres idylliques de Théocrite. Le bouc se prêtait à la bouffonnerie avec une imperturbable gravité. Sa Majesté hircine toisait l'assistance d'un regard smaragdin, comme si elle saisissait la signification sacramentelle de sa présence dans ce lieu incongru. L'animal empestait, car quand on est bouc, on n'est pas rose, mais la puanteur de suint propre à son espèce était relevée en plus par une exhalaison de fumier. Pour dorer ses cornes et sa barbe, faute de teinture, Ronsard n'avait rien trouvé de mieux que de barbouiller la bête de purin. Ronsard s'est avancé vers Etienne avec la ferveur d'un hiérophante d'Eleusis : « Divin Jodelle, enfant chéri des neuf sœurs, toi le premier des poètes tragiques français, je t'offre ce bouc sacré pour prix de ta victoire. » L'offrande accomplie, il a chassé l'animal hors de la salle : « Et toi, noble bouc, capricant satyre, retourne maintenant à tes lascives besognes ! » Puis se sont inclinés devant Etienne, mon Frémyot et Baïf. Pour la première fois, abandonnant sa réserve habituelle, Memmius avait accepté de pincer son luth devant une assemblée. Il a joué une langoureuse pavane, puis un gai ricercar pour servir d'introït à Baïf qui a déclamé un surprenant dithyrambe à la gloire de Jodelle vainqueur. Le banquet a duré jusqu'au soir et bien des convives ont dormi dans les granges d'Arcueil, car la carriole d'Abel ne pouvait les contenir tous pour regagner la montagne Sainte-Geneviève. La plupart de ces bons enfants de Bacchus seraient tombés en chemin.

La cérémonie du bouc fit grand bruit dans les alentours d'Arcueil. Le curé d'un village voisin a tonné en chaire, accusant notre folâtre brigade d'avoir restauré les effroyables bacchanales des païens, d'avoir renouvelé des Grecs une vie de débauche et d'orgies. Le scandale remonta bien vite à Paris et manqua de nous être funeste. Ronsard et ses amis furent accusés d'idolâtrie et même d'athéisme.

Cette rumeur de paganisme égayait Dorat. « Les dieux olympiens ne sont pas morts, me disait-il. Ils sont assoupis et vivent sommeillant, comme certains êtres vivants, dans un engourdissement hibernal. Les sœurs castaliennes nourrissent toujours les poètes de leur doux lait et quand je regarde la Voie lactée, elle représente toujours pour moi cette chaussée pavée d'étoiles qui conduit au palais de Jupiter. Certes, le Dieu chrétien est vainqueur, mais toutes les doctrines prêchées par les théologiens ne pourront étouffer complètement les antiques croyances qui les ont précédées. Grâce à nous, poètes, la tradition survit. Sais-tu qu'au siècle dernier, un prince italien ami de Marsile Ficin avait fait bâtir dans son palais deux chapelles jumelles, l'une temple chrétien et l'autre dédiée aux Muses païennes ? »

Notre bacchanale lui fit revenir à la mémoire l'étrange histoire d'un étudiant du collège des Quatre-Nations. Cette déplorable aventure datait des débuts de Dorat à Paris. Les cordeliers et les jacobins célébraient la fête de Saint-Louis à la Sainte-Chapelle. Un de ces moines disait une messe basse à l'un des autels latéraux. L'étudiant avait répondu à genoux jusqu'au moment de la consécration, mais quand le moine présenta l'hostie, il se leva d'un bond, arracha les saintes espèces des mains du célébrant en criant « Quoi ! Toujours cette folie ! ». Des cris d'indignation retentirent de toutes parts, les fidèles voulurent s'emparer du blasphémateur qui s'enfuyait avec l'hostie. Des gentilshommes le capturèrent sous le porche et le traînèrent par les cheveux jusqu'au perron. Ils tirèrent leurs épées tandis que le peuple ramassait des pierres et se disposait à le lapider, lorsqu'un conseiller du parlement traversa la foule jusqu'au coupable. Celui-ci laissa tomber l'eucharistie, résigné à la mort, mais le conseiller le sauva de la fureur populaire et le fit conduire dans un cachot de la Conciergerie. Le profanateur fut interrogé par les juges et visité par les médecins qui le déclarèrent fou. On retarda son supplice dans l'espoir qu'il abjurerait ses extravagantes erreurs et reconnaîtrait son crime. On fit venir son père et sa mère pour l'exhorter au repentir. En vain! L'étudiant, à force de lire les auteurs grecs et latins, s'était persuadé qu'il n'était pas possible que la religion d'Homère, de Virgile et de Cicéron ne fût pas la vraie. Il soutenait que Jupiter était le seul vrai Dieu de l'univers et qu'il n'y avait point d'autre paradis que les champs élyséens. Sa mère mourut de douleur et son père le renia. Le jeune prosélyte de Jupiter fut traîné sur la claie jusqu'à la Sainte-Chapelle où on lui coupa le poing avant de le mener au marché aux pourceaux pour y être brûlé vif. Les prêtres qui l'accompagnaient l'exhortèrent à renoncer à ses croyances : « C'est ce que je ne puis faire, leur répondit-il, j'en suis bien fâché ! » Les flammes l'ont étouffé sans qu'un seul cri sortît de ses lèvres. Les cendres de cet étrange martyr furent jetées au vent et à la place où il avait laissé tomber l'hostie, on étendit un drap d'or. Ensuite on enleva le pavé sur lequel on avait ramassé l'eucharistie et ce pavé fut mis dans un reliquaire à la Sainte-Chapelle. Le soir de son exécution, on fit une procession. Une foule de pénitents marchèrent pieds nus, se flagellant et criant *Miséricorde !*

⋆

Après la fête d'Arcueil, j'ai vécu des semaines d'agitation et d'inquiétude, car il semblait que cette joyeuse cérémonie avait sonné le glas de ma fortune parisienne. Des rumeurs malveillantes commençaient à circuler à mon sujet jusque dans les collèges et les chambres de justice. Soucieux de me préserver d'un malheur, le doux Baïf, le plus tendre de mes amis, me suppliait d'être prudent. Des chiens envieux clabaudaient à l'envi sur mon ménage avec Frémyot. D'autres, plus sournois, prenaient un méchant plaisir à anatomiser certains poèmes de mes *Juvenilia,* pour clamer partout que j'étais un débauché qui séduisait et pervertissait ses jeunes élèves. Quelques amis, comme Ronsard, Jean de Brinon et Dorat, plus alarmés encore, voulaient me convaincre de quitter Paris. Cette conspiration rampante me troublait et je me voyais dans la position de ce courtisan de Syracuse assis sous une épée suspendue par un seul crin au-dessus de sa tête, mais je rassurai mes compagnons en disant que rien de fâcheux ne pouvait arriver à un pédagogue porté en triomphe par ses auditeurs. Le roi n'avait-il point assisté à une de mes leçons ?

Le monde est scélérat, cruel et contagieux mais, libre et robuste, je ne voulais pas attendre, comme certain diable, d'être vieux pour me faire ermite. Le bon sens aurait été de me modérer, de me corriger et de me faire un peu oublier, mais tout ce caquetage visant à me discréditer eut un effet tout contraire. Il me stimula et me persuada plus que jamais de suivre ma pente. De mon enfance dans les forêts du Limousin, j'avais hérité un caractère farouche et dédaigneux. Pour la moindre contrariété, j'étais prêt à mettre flamberge au vent. Dans l'infinie sagesse de mon ignorance, je pensais que c'étaient la bêtise et ce pouvoir flottant appelé opinion qui rendaient les lois atroces. Je me plaçais bien au-dessus des jugements et principes qui régissent les bonnes et les prétendues mauvaises mœurs. Mais l'adversité conduit à la résignation les âmes les plus rebelles et mon tempérament s'est plié plus tard, après ma disgrâce.

*

La fatalité a voulu que je croise un matin mon ami Ramonet. Ce diable séducteur se tenait à l'affût sous un porche près de mon logis. Le soleil de printemps le nimbait d'une lumière d'apothéose. Sa carcasse flegmatique et charnue était appuyée contre la porte dans une pose déhanchée dont l'indécence voluptueuse rappelait certains jeunes martyrs peints dans les églises. Eloigné de Ramonet depuis plusieurs mois, je me suis senti étrangement aimanté en le retrouvant. Et lorsqu'il m'a dit d'une voix traînante et veloutée que je lui avais manqué, j'ai perdu en un instant le bénéfice de mon effort de rupture. Etienne lui avait conté la mascarade d'Arcueil.

«Je croyais que tu faisais retraite et pénitence et j'apprends que ta conversion est simulée, que tu te commets avec un bouc, des violoneux et des godelureaux ivrognes ! Puisque la compagnie des animaux te chaffriole, tu ne refuseras pas de banqueter avec mes jolis ratons. »

*

Deux jours plus tard, à la nuit tombée, j'ai retrouvé mon Ramonet faubourg Saint-Marceau. Il était flanqué d'un jeune acolyte au teint briqueté, sanglé dans des bragues moulantes, qu'il me présenta comme le fils d'un carrier. L'étrange auxiliaire marchait devant nous en rasant les murs et en se retournant sans cesse comme font les maraudeurs. A chaque pas, j'appréhendais le *halte-là qui vive ?* d'une sentinelle. La prudence voulait que je batte en retraite, mais la curiosité de découvrir la tanière de Ramonet l'emporta. Poltron comme un lièvre, je scrutais moi aussi à la ronde, prêt à détaler à la première alarme. Ramonet me prit par le bras et sa sérénité me rassura quelque peu. Le carrier nous a guidés vers les berges de la Bièvre, des parages peu hospitaliers la nuit, sauf pour les rats, les castors, les loutres et les chauves-souris. Comme pour ajouter à cette désolation, des chiens errants se querellaient et hurlaient à la lune. Nous avons rôdaillé un moment entre les arbustes, les roseaux et les pierrailles qui bordent la rivière. Soudain, une imperceptible lumière a clignoté au pied d'un escarpement rocheux, comme le chétif fanal des matelots du peuple myrmidon de Thessalie. C'était une petite lampe de cuivre en forme de coquemar à long bec, qui clignait entre trois grosses pierres devant un ramas de branchages secs et de broussailles. Ramonet a saisi le lumignon pendant que son complice écartait les branches, faisant apparaître une ouverture basse et exiguë dans la paroi du roc. Il s'est glissé dans l'excavation comme un goupil dans son terrier. « Sois le bienvenu dans le monde ombreux des ratons ! » a chuchoté Ramonet avant de me pousser dans la brèche. Nous avons rampé sur une longueur de six toises avant d'accéder à une galerie assez large, soutenue par des piliers faits de cubes de pierre amassés. Des flambeaux de cire plantés çà et là dans la glaise éclairaient le labyrinthe d'une lumière funèbre. Ramonet, Orphée malandrin, me guidait vers le sombre royaume d'Hadès où règnent Pluton et Perséphone. La rampe descendait en pente douce vers des territoires où l'on ne connaît pas le chant des oiseaux. De nombreuses ouvertures latérales donnaient sur d'autres couloirs, des passages mystérieux, des caves secrètes, des tanières de démons malfaisants. Devais-je redouter Charon au front menaçant, subir la sentence du vieux Minos, grimper dans la barque noire pour m'enfoncer vers les ondes du Tartare ou les flots de l'Achéron ?

Nous venions de nous glisser dans un nouveau passage, un goulet très étroit, lorsqu'un charivari d'éclats de voix, de musique discordante, de cris et de sifflets a troublé mes divagations mythologiques. J'ai deviné que notre expédition arrivait à terme, mais aucune inspiration, même la plus extravagante, n'aurait pu concevoir le tableau que j'allais découvrir en sortant du dédale. La galerie débouchait sur une petite plate-forme en saillie donnant sur un escalier de plusieurs dizaines de marches creusées dans la roche qui descendait vers une vaste salle haute de trois toises, soutenue par de larges piliers en forme d'équerres. « Atelier de carrier abandonné depuis Dagobert », me dit Ramonet, une formule qu'il employait pour tous les rois qui ont régné avant François de Valois. Mais le spectacle qui se jouait en contrebas n'avait rien d'une cérémonie gothique. Ramonet m'avait convié à une orgie latine. Son apparition au sommet de l'escalier fut saluée par un grand hourvari de clameurs, de cris d'allégresse, d'ovations, d'applaudissements et de roulements de tambours.

Suétone, l'historien des Césars, raconte que l'empereur Tibère avait imaginé un local particulier pour ses obscénités secrètes. Des troupes de jeunes débauchés s'y livraient à des accouplements en triples chaînes qu'il appelait *sprintiae.* La saturnale printanière de Ramonet dans l'ancienne carrière de Saint-Marceau empruntait beaucoup aux voluptés de Tibère dans l'île de Caprée. Sur de gros blocs de pierre recouverts de tapis, de peaux d'ours et de loups, les brigands de la bande de Ramonet, ses chers ratons, se prenaient d'assaut dans des corps à corps peu courtois, en vigoureux assemblages de couples ou de groupes. Les chandeliers d'argent dérobés dans les églises, l'encens et les parfums qui brûlaient dans les cassolettes, les fleurs et les aromates répandus sur le sol, la fumée des torches, le caractère rituel de cette orgie, évoquaient un cérémonial d'initiation aux cultes secrets de l'Hellade. Je voyais ces bienheureux enivrés, bondissant nus à la lueur des torches comme des mystes et des galles, communiant avec toutes les forces animales et végétales de la nature par des rites phalliques et des excès de boisson. O charmes et pouvoirs de l'érudition ! Car les joyeux coupe-jarrets, truands et petits larrons affidés à Ramonet, n'avaient jamais entendu parler des mystères d'Eleusis, du culte d'Orphée ni des rites de celui de Dionysos ! Au milieu de la salle, un cochon sauvage et un agneau rôtissaient à la broche. La fumée montait vers la voûte et s'échappait par un ancien puits d'accès. Pour ce banquet, Ramonet, madré courtier de culs, n'avait choisi dans sa confrérie que des gaillards de belle apparence et habiles dans les ébats. Les égarements des sens n'empêchant nullement la sagesse d'esprit, je ne me suis pas cabré devant une telle abondance. Renonçant à mes résolutions de tempérance, je me suis délecté en compagnie de trois copieux ratons, des pendards de belle complexion en parfaite harmonie avec les imperfections de leur âme. Ramonet, toujours en verve d'obscénités langagières, a imagé mes ardeurs en évoquant la façon dont on récure les bouteilles. Je baignais dans la béate torpeur qui suit l'effort, lorsqu'un escadron d'hommes d'armes du prévôt a dévalé l'escalier. Ce fut un chaos, une énorme cohue, une débandade de ratons s'enfuyant à moitié nus dans les obscures galeries latérales. La plupart furent sauvés car ils connaissaient parfaitement les artères et les abris de cet inextricable labyrinthe. Une douzaine d'entre nous ont été capturés. Ramonet, qui ne voulait pas m'abandonner, a été arrêté avec moi. Une heure plus tard, nous étions jetés dans les cachots du Châtelet.

« Tavernes, bordiaux, prison, de ma vie de brigand ce fut le lot ! Adieu Marc-Antoine, pardonne-moi de t'avoir traîné dans mon enfer ! » Ce furent les dernières paroles que j'aie entendues de la bouche de mon ami. Je n'ai pas revu mon Ramonet. Quinze jours après notre arrestation, le chef de la bande des ratons fut supplicié en place de Grève. On lui coupa les deux poings avant de l'étrangler au poteau et de le brûler.

CHAPITRE XIV

Quid vana legum vincula te movent?
Natura nullos concubitus vetat,
Sed compedes vanissima istas
Cura hominum sibi fabricata est.

Pourquoi se soucier des absurdes chaînes des lois ?
La nature n'interdit aucune sorte de liaison
Ce sont les vaines appréhensions des hommes
Qui ont produit ces entraves.

M.-A. Muret, *Juvenilia,*
Odes, III.

Pendant deux mois, j'ai respiré l'air empuanti de la plus ignoble prison de Paris. De tous les châtiments que la tyrannie a imaginés, le plus terrifiant peut-être, pour les malheureux que le hasard a fait naître français, c'est le grand Châtelet. Les peuples sauvages que les récits de voyage des Européens ont tant noircis, brûlent certes leurs ennemis et les mangent quelquefois après les avoir massacrés, mais au moins, chez eux, les motifs de vengeance ne sont pas fondés sur des chimères. Ils n'ont pas de lois écrites, de codes rédigés par de pédants bavards. Chez ces « barbares » ne rôdent pas de noirs suppôts de Thémis. En un mot, peuplades fortunées, vous n'avez point de Châtelet. Chez vous, aucun magistrat, aucun inquisiteur, aucun ministre tourmenté de viles passions sous des dehors de grandeur, n'enferme dans un cachot l'indigène libre des plaines et des montagnes pour avoir proféré quelques vérités, pour avoir pris du plaisir avec son prochain ou pour avoir chassé un animal dans les forêts réservées au chef de la tribu.

La prison est sans doute le plus insupportable supplice imaginé par les sociétés civilisées pour tourmenter les citoyens. La perte de la liberté, l'incertitude de son sort, la vue continuelle de quatre murs noircis par la fumée, rongés par le salpêtre, les mauvais traitements pratiqués par des gardiens qui se plaisent à aggraver les peines des condamnés, sont des tourments que l'on ne peut imaginer lorsqu'on est libre.

Isolé dans une geôle obscure, grelottant sur une immonde paillasse, j'étais à la merci de l'humeur fantasque de cerbères salariés qui connaissaient le motif de ma condamnation. Comme dérivatif aux vexations des porte-clefs, j'avais pour seule récréation les plaintes étouffées des grands criminels, celles aussi de pauvres prévenus peu coupables, les hurlements des malheureux soumis à la question et les râles de ceux qui, à demi asphyxiés, croupissaient dans des cellules sans air, des cachots souterrains, des êtres humains à l'agonie, avec pour seule perspective un horrible supplice.

Je ne puis évoquer cette désolation sans parler, en plus de tous ces bruits lugubres, de la puanteur qui régnait en ce castel. Tout près du Châtelet se trouvait l'infect trou punais, une fosse d'égout béante, un réceptacle d'immondices de toutes sortes, qui répandait une odeur fétide dans tout le quartier. Aux effluves nauséabonds de ce cloaque se mêlaient ceux, tout aussi ignobles, des proches abattoirs de la vallée de Misère et des poissons pourris qui traînaient sur le carreau des halles.

Privé de visites, je me croyais abandonné par tous mes amis. Je ne me faisais aucune illusion sur mon sort. Accusé de sodomie et d'association criminelle, je savais que la première inculpation, à elle seule, était passible de la peine du feu. Pour moi, les dés étaient jetés. Coupé du monde, privé de lecture, livré à mes divagations, je me morfondais dans mon sépulcre entre cauchemars, insomnies, frayeurs soudaines et longues périodes d'abattement. Bourrelé de remords, fiévreux, torturé par la crainte que Memmius ait pu être arrêté lui aussi, j'étais dans un état de grande confusion, avec des alternatives de chaud délire et d'accablement extrême.

Pour me soustraire à la réalité, je restais pendant des heures allongé sur mon grabat, les yeux clos, à m'imaginer chez moi, prenant des notes pour une leçon, pendant que mon ami jouait du luth.

Sachant que je ne reverrais jamais Memmius, je ne pensais plus qu'à lui, me remémorant les heures les plus radieuses de notre amitié. Dans mon délire, je rêvais qu'il se tenait devant les murs du Châtelet avec son luth, jouant une pavane pour son pauvre ami captif. On raconte que Richard Cœur de Lion, grand guerrier et grand hérétique en amour, s'était épris d'un chevalier d'Artois, le beau Blondel. Ce Blondel était aussi ménestrel. Quand Richard était en captivité en Autriche, son très aimé Blondel s'était rendu au pied de la forteresse pour chanter, en s'accompagnant de sa viole, les premiers couplets d'une chanson qu'ils avaient composée ensemble. Le prisonnier lui a répondu en chantant les couplets suivants du fond de son cachot.

Avec l'anagramme de mon nom, Memmius avait imaginé une devise qui s'accordait fort bien à mon caractère : *Nature droict m'a mené*. En prison, j'ai pu goûter tout le sel de cette formule. Piquante ironie, en effet, car, pour avoir toujours suivi ma nature, celle-ci droit m'a mené au cachot.

Les semaines passaient sans que je sois informé de la date de mon procès. L'angoisse d'attente, tantôt violente, tantôt morne, qui ronge celui qui n'a plus d'espoir, est plus cruelle que la pensée d'une prompte et certaine mort. Il me semblait que tout ce qui subsistait en moi de sensible se crispait, se pétrifiait dans cette interminable attente. Mon sort reposait sur le caprice du sieur Duprat, le grand prévôt de Paris. Ce magistrat vivait dans mon voisinage. Je l'avais croisé plusieurs fois, alors qu'il quittait son hôtel de la rue des Augustins. Il était la bête d'aversion de Ramonet et de sa meute. A l'égard des brigands, Duprat était implacable. Par superstition, Ramonet évitait de prononcer son nom et l'appelait Hercule le petit. Il était en effet de petite taille, mais Hercule tout de même, puisqu'il habitait l'hôtel d'Hercule. Cette demeure, dont l'entrée se trouve quai des Augustins, est décorée de grandes fresques illustrant les douze travaux du héros grec. L'Hercule-Duprat n'a sans doute jamais combattu un lion, un sanglier, une hydre ou un taureau, mais il se chargeait activement de nettoyer Paris. Paris, c'était les écuries d'Augias du prévôt Duprat.

★

Un matin, un choucas s'est posé sur le bord de la lucarne de ma cellule. Il est resté là un long moment à se nettoyer les ailes en se trémoussant. La toilette achevée, il s'est retourné, a passé sa tête grise à travers les barreaux de la grille et m'a regardé fixement, sans bouger, avant de pousser un faible cri, une sorte de miaulement très différent du langage habituel de cet oiseau. Cet étrange visiteur m'a beaucoup troublé. J'étais persuadé qu'il était le messager d'un proche qui voulait me faire un signe de compassion, me délivrer une affectueuse confidence. L'oiseau a gémi une seconde fois, longuement et de façon éplorée, telle une plainte funèbre, avant de s'envoler.

Dans mon délire, j'ai interprété ses gémissements comme un lamento de Memmius. Memmius incarné en oiseau, donc libre ! Il faut avoir séjourné dans un cachot pour comprendre les divagations d'un homme privé de soleil, d'air frais et de compagnie.

Las de me morfondre dans une attente sans espoir, j'ai décidé, après sept semaines de tourments, de ne plus attendre la mort, mais de la hâter. Je n'avais pas le courage d'affronter un procès et une fin ignominieuse en place publique. Mourir pour mourir, je ne voulais pas donner au prévôt la satisfaction de me réduire en cendres. De ce jour, j'ai cessé de m'alimenter. Je serai seul maître de ma mort, une issue stoïque, à l'instar de Sénèque ou de Socrate ! Périr de faim est une résolution bien plus complexe que le poignard ou la ciguë, surtout en prison. Les gardiens ont pour mission de vous maintenir en vie, car la justice ne veut pas être flouée par un cadavre.

Pendant huit jours j'ai jeté ma nourriture par la lucarne. Je restais allongé dans un état de complète hébétude en attendant la mort. Mais la faucheuse blême tardait à venir moissonner dans ce réduit. Ma robustesse limousine aurait découragé l'inexorable Atropos en personne. Après le dixième jour de jeûne, les forces commencèrent à m'abandonner. J'avais du mal à tenir sur mes jambes, des contractions très douloureuses paralysaient mes cuisses et mes mollets. N'ayant plus la force de me lever, je cachais la nourriture sous ma paillasse, une obole aux cafards et à la vermine.

Je croupissais depuis presque deux mois dans

cette infecte geôle, et je sentais que l'issue était proche, lorsque le 2 mai, sur les trois heures après midi, après le vacarme ordinaire des clefs, des verrous, des portes et des échos, j'ai vu entrer dans mon sépulcre le major avec deux porte-clefs. Le premier, après de bizarres révérences, m'a prié de m'habiller. J'étais incapable de me lever. Constatant mon état de faiblesse, le major a ordonné à ses assistants de m'aider et de me soutenir dans le couloir. Il a retourné la paillasse et, comprenant ma situation, il m'a dit d'un ton presque affectueux :

« Vous avez décidé de mourir d'inanition ? Eh bien, jeune homme, je crois que je suis arrivé à point.

— Pour me livrer aux juges ?

— Non, pour vous rendre à vos amis ! »

Avant de me relâcher, l'obligeant major m'a invité pour une collation dans le logement qu'il occupait dans une des tours du Châtelet, un repas offert sur ses propres appointements. Cet officier était un homme d'une quarantaine d'années, de mine agréable, avec de grands yeux clairs et humides, une bouche rieuse un peu grassouillette, une bouche d'appétit, et un étrange parfum de candeur, pour tout dire, avec une physionomie qui ne s'accordait guère avec ses redoutables fonctions de tenancier de maison de réclusion. Il m'a conduit vers un cabinet particulier très confortable orné de riches tentures, de tapis d'Orient, de livres, de chandeliers d'argent et de coupes remplies de fruits. Sur une table brûlaient des cassolettes de parfums et d'encens, un artifice, disait-il, pour se préserver des odeurs nauséabondes des tanneries et des abattoirs. Sur la tablette d'une crédence se dressait une croix avec un Christ en ivoire. En face, sur un coffre monumental où luisaient d'étranges figures de bêtes sculptées, triomphait un mirifique Hermès en bronze. Mes yeux allaient de l'un à l'autre, mais je me suis gardé de tout commentaire sur la présence quelque peu paradoxale de ces deux divinités. Quand j'ai croisé le regard de mon hôte, il a souri, un sourire discret mais éloquent.

Le Christ et l'éphèbe antique ! Décidément, ai-je pensé à part moi, les doctrines de Marsile Ficin rayonnent dans les lieux les plus insolites !

Pendant que je faisais honneur aux pigeonneaux et au vin de Bourgogne, l'énigmatique major m'a laissé entendre que j'étais très chanceux d'avoir pour amis des hommes influents, et tout particulièrement un conseiller du roi. Aussitôt après cette remarque, comme pour la nuancer un peu, il a ajouté que j'étais certainement une personne de grand mérite.

⋆

Dorat et Memmius m'attendaient devant la porte du Châtelet. Nous étions trop émus pour prononcer une parole. On peut mourir de chagrin ou de faim, j'ai survécu à ces deux fatalités, mais en retrouvant mes amis, j'ai cru mourir de joie. Dix jours de jeûne ne m'avaient pas préparé à une si grande émotion. J'ai failli m'évanouir en me jetant dans leurs bras et, tel Gargantua de Maître Rabelais, j'ai pleuré comme une vache, pour rire tout aussitôt comme un veau, et pleurer de plus belle. Les larmes sont contagieuses et voilà que nous avons pleuré tous les trois. Cloués sur place comme des statues larmoyantes d'un groupe funéraire, nous aurions sans doute pleuré longtemps sous l'œil médusé des passants et des hallebardiers du guet, si Dorat n'avait mis fin à ce déluge en déclarant, goguenard : « Il est doux de pleurer et nous pleurerions volontiers ici pendant des heures, mais un souper nous attend à Coqueret. »

⋆

Baïf et Jodelle nous attendaient au collège, mais Ronsard n'était pas là. Nous avons fêté mon retour chez Dorat, dans la plus grande discrétion. Mon arrestation et, plus que tout, les circonstances honteuses de celle-ci, avaient fait grand scandale. Je ne pouvais plus me montrer à Boncourt ni au collège du Cardinal-Lemoine et aucune autre chaire ne me serait offerte à Paris. Jean de Brinon m'avait sauvé en négociant avec le prévôt, mais ses faveurs s'arrêtaient là. Je devais quitter la ville. En attendant mon départ, il m'était impossible de retourner rue Pavée. Le propriétaire, accompagné de gens d'armes, avait chassé Memmius en déclarant que sa maison n'était pas un repaire pour brigands sodomites déguisés en professeurs.

Dorat avait offert l'hospitalité à mon compagnon et à mes livres, mais Dugast, le vautour tenancier de Coqueret, lui avait interdit de m'héberger, même pendant quelques jours.

Lorsque j'avais franchi la grille du Châtelet, la joie m'avait fait verser tant de larmes qu'il ne m'en restait plus pour pleurer ma disgrâce. Sans procès ni ordonnance, on me chassait de Paris. Puisqu'on ne voulait plus de moi dans les collèges, j'irais expliquer Cicéron aux écrevisses ! Dans l'adversité, j'ai toujours été sauvé par mon humeur sanguine, mon ardeur pour le plaisir et par une indomptable tendance à tourner en dérision toute apparence d'honorabilité. Je n'appartiens pas à la race des larmoyants crocodiles. *Homo doctus in se semper divitias habet**, disait le vieux fabuliste. Un bagage peu encombrant quand on doit prendre la route ! Mes « richesses intérieures », j'irais les distribuer sous d'autres cieux, sans m'attarder à Paris plus de temps qu'il ne faut pour embrasser quelques amis.

« Où tu iras, j'irai. » Ainsi parla mon Memmius. Dans l'infortune, la fidélité d'un être aimé est une

* Un homme instruit a toujours ses richesses en lui (Phèdre).

consolation bien plus douce que les jouissances monotones de la félicité ordinaire de la prospérité.

*

J'ai passé mes dernières nuits parisiennes rue des Lombards, chez la mère de Jodelle. La compatissante femme était ravie d'accueillir sous son toit le professeur de son fils.

La veille de mon départ, Etienne a invité Gervais Taurel. Gervais, qui avait réussi à s'échapper de la carrière de Saint-Marceau, se consumait du chagrin d'être séparé de Ramonet. Le resplendissant gredin avait perdu sa fière charnure. Sa sève juvénile s'était évanouie et il semblait plus triste et blême qu'un noyé rappelé malgré lui à la vie. Mais sa déchéance le parait de la sombre splendeur des héros foudroyés. J'ai eu beaucoup de mal à dominer l'affligeante surprise que me causait cette métamorphose.

Etienne et Gervais avaient assisté au supplice de Ramonet. Solidaires dans une affliction commune, ils s'étaient mêlés à la foule des curieux, cette immonde tourbe qui se pressait autour du bûcher dans une sinistre allégresse. La lie se signale toujours par son hypocrite fanatisme justicier. Mais l'excitation salace des spectateurs tourna en une poignante et presque pieuse compassion devant la crâne beauté, devant l'allure farouche et quasi extatique du condamné. Une stupeur silencieuse, une indicible sympathie pour celui qui allait être livré aux flammes de la géhenne, désarmèrent les clabaudeurs les plus enragés. Ramonet est mort, un sourire de mépris aux lèvres, sans une plainte, sans le moindre tressaillement.

Que Dieu fasse miséricorde à Ramonet Fouteau ! Son âme espiègle et rebelle n'était pas taillée pour la vie ordinaire de l'immense tribu des asservis. A trente ans, il avait gardé la fraîcheur et l'indocilité de l'enfance. Son agonie ne fut pas l'anéantissement d'une vie, mais un lambeau d'enfance restitué au néant.

Peu après les révélations de mes amis, j'ai repensé à l'oiseau noir qui s'était posé à la lucarne de ma geôle. Cet occulte messager était le dernier clin d'œil de Ramonet avant sa malemort.

CHAPITRE XV

Muretus fugit Tholosa; venit Venetias.

Muret s'est enfui de Toulouse;
il s'est rendu à Venise

Joseph Scaliger.

Que soit maudite la ville de Toulouse jusqu'à la fin des temps ! Qu'un nouveau Josué fasse tomber ses murailles comme celles de Jéricho et qu'elle soit réduite en cendres.

Après ma disgrâce, je voulais respirer loin de Paris. A quelle funeste inspiration ai-je cédé en choisissant pour exil la cité de Toulouse plutôt que Montpellier, plus lointaine encore ? Depuis des siècles, le prestige de son école de médecine faisait la grande réputation de Montpellier. Maître François, qui coiffa là le bonnet de docteur, évoque plus la « joyeuse compagnie » des étudiants que l'attrait des études quand il raconte le passage de Pantagruel dans cette université. Malgré la jovialité du clan des Asclépiades, Esculape ne me séduisait guère. En m'installant à Toulouse, je voulais reprendre les études de droit que j'avais négligées depuis mon séjour à Poitiers. Memmius avait décidé, lui aussi, de se remettre aux pandectes. Peu après notre arrivée chez les Toulousains, il s'est présenté à Jean de Coras, le grand jurisconsulte qui enseignait dans cette université et à qui le roi venait de donner une charge de conseiller au parlement de la ville. Coras le reçut avec une grande amabilité, et lorsqu'il sut que mon ami était fils du conseiller Frémyot, il lui témoigna une bienveillance toute paternelle. Pour subvenir à notre existence, je donnais des conférences à l'université. N'ayant pas les grades nécessaires pour obtenir une chaire, j'expliquais les *Institutes* comme un professeur libre, rémunéré par les auditeurs.

Un vieux dicton romain disait *Habeat aurum tolosanum**. Ce mystérieux adage qui signifie *Il est poursuivi par le destin*, est éclairci par l'historien Justinus Frontus et par Aulus Gellius dans les *Nuits attiques*. Les Tolosates avaient suivi le chef gaulois Brennus dans son expédition contre Rome et contre la Grèce. Justinus raconte qu'ils pillèrent le temple de Delphes. Poursuivis par la fureur d'Apollon, les Tolosates furent décimés par la peste et les survivants rapportèrent ce fléau chez eux. Effrayés, ils jetèrent le trésor volé dans un lac près de Toulouse. Aulus Gellius rapporte qu'après avoir soumis les Tolosates, les Romains firent fouiller ce lac pour en retirer le fabuleux trésor. Mais le consul garda pour lui la plus grande partie de cette pêche extraordinaire. Peu après, il fut tué pendant la bataille qu'il livra aux Kymris.

* Il a de l'or toulousain.

Son malheur fut attribué par les Romains à son sacrilège cupide. C'est ainsi que l'or toulousain devint proverbial.

Je n'ai jamais offensé Apollon, et pourtant, deux mois après ma venue à Toulouse, l'antique malédiction s'abattit sur moi. J'étais rattrapé par mon affaire de Paris. Dans une ville gouvernée par des bourgeois sournois, par un parlement aveuglé de piété pharisienne, mon ménage avec Memmius faisait scandale.

Non contents de nous suspecter de sodomie, ils nous soupçonnaient aussi d'appartenir à la religion huguenote. Les bûchers éteints dans le sang des albigeois ne demandaient qu'à se rallumer. A Toulouse les protestants étaient victimes de tracasseries sans nombre, de persécutions quotidiennes. Des personnes éminentes étaient obligées à faire amende honorable en public, des ministres du nouveau culte étaient exilés, d'autres payaient de leur vie leur dévouement à une religion condamnée comme hérétique. La cour de France, flottant entre les divers partis, accordait aux protestants quelques édits favorables, mais le parlement de Toulouse se refusait à les enregistrer.

De jour en jour, le nombre de mes élèves se réduisait. Memmius était en butte à des vexations, à des insultes sans nombre. Un étudiant le traita d'infâme, de bougre satanique. Ce bon chrétien était fils de Joachim de Chabannes, le sénéchal qui rendait la justice à Toulouse. Au royaume des cagots, foisonnent les fagots ! Un soir, en rentrant, j'ai trouvé un billet glissé sous ma porte. C'était un vers de Virgile adressé à Enée par l'infortuné Polydore : *Heu ! Fuge crudeles terras, fuge littus avarum**. Il était signé R.R. Derrière ces initiales se cachait un des capitouls, un homme affable et cultivé, que je connaissais à peine mais que j'avais croisé à plusieurs reprises à l'université. Il m'avait complimenté pour mes commentaires de Ronsard. Cet homme s'appelait Rogier Rocques. Il a sauvé nos vies. Qu'il soit béni, lui et toute sa descendance pendant deux cents générations !

Le soir même nous avons quitté Toulouse. « Où tu iras j'irai ! » Condamné à l'errance, je ne pouvais entraîner Memmius vers une nouvelle terre d'exil. Je l'ai supplié de retourner en Bourgogne pour se mettre sous la protection de sa famille, avant de reprendre ses études à Paris ou ailleurs. Quant à moi, il n'était plus question de demeurer en France où mon nom était définitivement flétri. Je me suis souvenu des paroles de Gaspara : « Pour avoir vécu tant d'années avec Virgile, Cicéron et Catulle, le latin est devenu ta langue, bien plus que le français ou le patois limousin. Lorsque tu poseras le pied en Italie, tu auras l'impression de rentrer à la maison. »

---

* Fuis cette terre barbare, fuis ce rivage où règne l'avarice.

J'étais pauvre, banni, et après deux mois je ne m'étais pas encore remis de mon séjour au Châtelet. Mon visage s'était couperosé, je souffrais de l'estomac, les insomnies avaient ruiné ma belle santé, mais en dépit de mon état de faiblesse, j'étais décidé à franchir les Alpes pour gagner Venise. Pourquoi Venise ? C'est à Venise que furent imprimés la plupart des livres qui m'ont fait connaître les auteurs anciens, les livres imprimés dans l'atelier d'Aldo Manuce et de son fils Paul. Memmius refusait de me quitter. Il prétendait que j'étais bien trop languissant pour entreprendre seul pareil pèlerinage. Il m'aimait trop pour me laisser par les détroits dangereux des montagnes, seul pour franchir mille Charybdes, affronter les bandits et les précipices. « Ni les bandits, ni les orages de montagne ne briseront une amitié comme la nôtre, disait-il avant de conclure avec Cicéron : Il me semble qu'ils suppriment du monde le soleil, ceux qui enlèvent de la vie l'amitié : rien de meilleur ne nous a été donné par les dieux immortels, rien de plus agréable. »

Memmius savait que jamais je ne me permettrais de contester Cicéron. Dans les sociétés antiques, l'amitié était un sentiment bien plus énergique que de nos jours. L'homme qui ne trouvait aucun réconfort dans les lois civiles cherchait une ressource plus sûre dans les appuis particuliers. Dans les républiques anciennes, ce sentiment était d'une vigueur si prodigieuse que partout on lui élevait des temples. Qu'elle était belle et noble, cette législation à laquelle Lycurgue donna pour base l'amitié ! Dans son sublime traité, Plutarque représente ce sentiment comme un devoir sacré. L'amitié est une vertu, une vertu active et vigilante. Rien ne l'arrête dans ses élans généreux car elle fait abjurer tout égoïsme. C'est une inspiration puissante, irrésistible, qui possède son code, ses maximes et ses devoirs. L'amitié est cette faculté magnanime accordée par la nature pour embellir les destinées du genre humain.

★

De Venise, j'ai envoyé une lettre de gratitude à Rogier Rocques. Sa réponse m'apprit que, peu après notre évasion de cette cité maudite, Memmius et moi avions été jugés par contumace et brûlés en effigie sur la place Saint-Georges.

★

Sans Memmius, je n'aurais sans doute pas franchi les Alpes. Né dans les plaines, je n'étais pas appareillé pour de telles échelles. Obligés de monter aux nues, sur des sentiers couverts de neige, puis de redescendre dans les abîmes, nous sautions plus que nous ne marchions. Nous avions l'impression d'escalader le ciel avec les Titans. Je n'en finirais pas si je voulais raconter ce périple et rendre tous les aspects de cette nature sauvage et sévère, les torrents glacés qu'il fallait sans cesse passer et repasser, les gorges d'une profondeur infernale serrées entre des falaises si élevées qu'elles laissaient les nuées au-dessous d'elles, les contrastes du chaud et du froid, les chemins bordés de précipices. Pour stimuler notre courage, je disais que ces parages devaient être bien plus hérissés d'obstacles lorsque Annibal le Carthaginois y mena son armée et ses éléphants. Quelle prodigieuse quantité de bon vinaigre lui aura-t-il fallu, en y joignant la force du feu, pour calciner, éclater et dissoudre ces rochers avant de se frayer un passage ? C'est ce que raconte Tite-Live. Memmius a éclaté de rire lorsque j'ai parlé du vinaigre d'Annibal. Selon lui, les élucubrations de Tite-Live relevaient de la plus extravagante fantaisie.

Les Alpes que la neige couronne si longtemps anticipent l'hiver et retardent le printemps. Au moment de la fonte des neiges, les rayons du soleil réfléchis par les montagnes dardent d'une ardeur excessive, ce qui est loin d'être un dédommagement après une nuit glaciale. Au bout de plusieurs semaines sous ce climat outrancier, j'étais à bout de forces. Miné par la fièvre, la bouche desséchée d'amertume, la tête bourdonnante, les pieds endoloris, je ne pouvais plus avancer sans m'appuyer sur mon compagnon. Les montagnes étaient presque franchies. Devant nous, comme la

Terre promise, s'étendait une fertile plaine. Mais je pensais ne pouvoir jamais l'atteindre, car la maladie empirait d'heure en heure. Nous avons fait escale dans une auberge, non sans mal, car nous étions repoussants comme des vagabonds. Me croyant à l'agonie, la tenancière a demandé à son fils d'enfourcher son cheval pour quérir un médecin.

Pour le prix d'un seul, j'ai eu droit à deux fieffés médicastres, un vieux pédant qui jouait au magister et son jeune auxiliaire qui ressemblait davantage à un commis de boucherie qu'à un homme de science. En découvrant mon visage brûlant et couperosé, mon corps débile couvert de haillons, ils n'ont pas daigné m'adresser la parole. Après m'avoir tâté le pouls, malaxé l'abdomen et scruté le blanc de l'œil, l'aîné des charlatans a proposé à son complice d'expérimenter sur ma carcasse un remède hermétique et tout à fait hasardeux. Pensant qu'un gueux n'entendait pas la langue qui se pratiquait à l'école de Salerne, il a déclaré : *Faciamus periculum in anima vili**. Je me suis relevé d'un bond, et prenant mon air le plus menaçant, je lui ai répliqué : *Vilem animam appelas pro qua Christus non dedignatus est mori***.

* Faisons une expérience sur cette âme ignoble !

** Tu qualifies d'ignoble une âme pour laquelle le Christ a daigné donner sa vie.

Mémoires de Marc-Antoine Muret

Les deux bélîtres ont battu en retraite à toute vitesse. Nous avons séjourné trois jours à l'auberge. Les bouillons et le vin m'ont ragaillardi. Devant nous s'ouvrait le pays de Chanaan !

CHAPITRE XVI

Utamur, dum fata sinunt, melioribus annis,
Et tota nobis mente colatur Amor
...
Auferet haec secum, velut aufert omnia, tempus :
Cernis, ut hora, dies, mensis et annus eunt ?
Qui modo vagibat, nunc est puer, inde repente
De puero juvenis, mox vir, et inde senex.
Quare florentes, aptosque caloribus annos
Quisquis agis, Veneris vive sub imperio,
Ne frustra aetatis meliori parte peracta,
Vivere tunc cupias, vivere cum nequeas.

Profitons de nos meilleures années, tant que le destin le permet
Et que l'Amour occupe entièrement notre esprit.

Ces moments, le temps les emportera comme il emporte tout :
Vois-tu comme s'enfuient l'heure, le jour, le mois et l'année ?
Le nourrisson est maintenant un enfant,
Bientôt il sera adolescent, homme et puis vieillard.
Qui que tu sois, toi qui es jeune et ardent,
Vis sous l'empire de Vénus,
Quand tes plus belles années seront passées, il sera trop tard !
Tu voudras te rattraper, mais tu ne le pourras plus.

M.-A. Muret, *Juvenilia*,
Elégies, II.

Depuis quelques semaines je vis, si c'est là vivre, dans un état de fièvre continuelle. Je me lève le matin dans l'attente de quelque catastrophe et me couche le soir sans espérance. Je n'ose m'ouvrir librement à mes proches de l'aggravation de ma maladie. Cette fâcheuse goutte me tourmente presque toutes les nuits avec une violence qui me laisse peu de repos. Par une espèce de miracle, les douleurs ne me tiennent que la nuit, me laissant pendant le jour assez de liberté pour m'acquitter de mes tâches. Je continue malgré tout à me conformer extérieurement aux habitudes de ma maison. Je mange avec un appétit feint les mets qu'on me prépare, pour les expulser à peine sorti de table. Mon estomac refuse presque toutes les nourritures, mais je reste dévotement fidèle au vin. Mon doux Benci vient me visiter plus souvent et passe deux ou trois nuits par semaine près de moi dans une petite chambre à côté de la mienne qu'il appelle sa guérite filiale. Le dévoué Lelio redouble de prévenance. S'il n'est pas mon véritable ange gardien, du moins en partage-t-il les fonctions et en est la visible image. Le soir, mon petit Marc-Antoine s'attarde à mon chevet et me fait la lecture en attendant que je m'endorme. Je lis une vive appréhension sur son frêle visage et parfois, feignant de dormir, j'entends ses pleurs et les prières qu'il chuchote pour ma guérison.

D'impérieuses obligations m'ont détourné de mes cahiers de souvenirs pendant plus d'un an. Il me fallait achever la traduction du deuxième livre de la *Rhétorique* d'Aristote pour l'éditeur Grassi.

En avril, le pape Grégoire XIII est mort après treize années de règne. Les cardinaux m'ont demandé de rédiger un discours pour leur entrée en conclave. Ils m'ont fait un grand honneur en me donnant la parole en un moment si solennel. Le pape m'avait comblé de bienfaits, mais je n'étais qu'un simple prêtre, étranger de surcroît, malgré mon titre de citoyen romain.

J'ai prononcé ce discours le jour de Pâques, en rassemblant ce qu'il me restait de forces. Sachant que ce serait mon dernier discours, que plus jamais je ne prendrais la parole en public, j'ai parlé en toute franchise. Certains personnages de cet éminentissime collège ont sans doute été quelque peu ébranlés par la hardiesse de mon propos. Le choix du candidat pour le pontificat est en général dicté par l'intrigue et le népotisme. Pour dénoncer les vices des princes de l'Eglise, j'ai tempêté : « Celui qui pense que le pontificat est une moisson d'or pour soi et ses favoris doit être débouté loin du gouvernement de l'Eglise ! » Emporté par une ardeur quelque peu retorse, j'ai péroré sur la pureté des mœurs du futur pape : « Si quelqu'un s'est donné jadis en proie aux voluptés, s'il s'est laissé enchaîner en leur misérable prison, s'il s'est vautré en leur bourbier comme un pourceau, que peut-on attendre de bon d'un tel homme, ou plutôt de quel mal ne nous menace-t-il pas ? » Si ma piété et la régularité de ma vie étaient connues de tous, il y avait certainement dans cette assemblée quelques cardinaux qui n'ignoraient pas les scandales de ma jeunesse. Pour avoir battu toutes les routes de la turpitude, le converti a sans doute beau jeu à les stigmatiser !

Je ne sais si Félix Peretti possédait toutes les qualités que j'avais prônées en chaire, mais c'est lui que le conclave élut, sous le nom de Sixte Quint. A peine plus âgé que moi, le nouveau pape paraissait succomber sous le poids des années et des infirmités. Il ne se montrait en public qu'appuyé sur une canne, la tête penchée, et parlant d'une voix entrecoupée de toux. Ces signes de caducité redoublèrent lorsqu'on lui proposa de succéder à Grégoire XIII. Il a voulu décliner cet honneur en disant qu'il ne tarderait pas à mourir et qu'il lui serait impossible de vaquer lui-même aux affaires. Il n'en fallut pas davantage pour réunir en sa faveur toutes les factions qui divisaient le conclave. Il fut donc élu sans contradiction le 24 avril. A peine les suffrages étaient-ils recueillis que le nouveau pape jeta sa canne, releva sa tête et entonna un *Te Deum* tonitruant. Les cardinaux stupéfaits ne pouvaient en croire leurs oreilles. Le cardinal de Médicis le complimenta sur cette soudaine métamorphose. « N'en soyez pas surpris, lui répondit le miraculé, je cherchais les clefs du Paradis, et pour les trouver, je me courbais, je baissais la tête ; mais depuis que j'ai trouvé celles de saint Pierre, je ne regarde plus que le ciel. »

⋆

Nous sommes au mois de mai et les merles du mont Quirinal déploient toutes les ressources de leur voix. Leurs vocalises d'amour retentissent, vibrent, rebondissent et se font écho dans mon cœur. Les merles sont des ambassadeurs de joie, leur chant me réconforte et fait circuler dans mon sang une chaleur nouvelle. Il n'y a qu'un mot pour dire ce que j'éprouve, c'est le ravissement. Il faut bien peu de chose, le chant d'un oiseau, un parfum de chèvrefeuille, pour atteindre à une joie voluptueuse sans que l'on puisse démêler la tissure de ce charme indéfinissable qui soudain vous trouble le cœur.

Un apaisement de courte durée dont je profite

pour me remémorer la dernière étape de ma jeunesse, les quatre années que j'ai passées à Venise.

*

Cette ville hospitalière semblait créée pour moi. Loin de la France, soustrait à toutes les persécutions, je pouvais enfin mener une vie à mon gré. J'étais inconnu, j'étais libre. Dans la cité lagunaire, ma liaison avec Memmius était considérée comme une préférence naturelle et licite. Les artistes, tout comme de nombreux patriciens, idolâtraient les beaux jeunes gens et vouaient à leur beauté un culte qui évoquait davantage l'Antiquité païenne que les mœurs chrétiennes. Dans les ateliers des peintres grouillait une foule d'apprentis, d'élèves, de serviteurs et de modèles qui donnaient une nouvelle jeunesse aux mythes d'Orphée, d'Adonis, d'Hercule et de Ganymède. Etait-ce pour réconcilier le paganisme avec la religion chrétienne que les peintres n'hésitaient pas à figurer des éphèbes nus parmi les scènes les plus pieuses ? La beauté masculine, comme le reflet de la beauté divine, triomphe dans les troublantes représentations de Sébastien percé de flèches et de Laurent couché sur le gril dans une posture évoquant plus le plaisir que la souffrance. « Tes habitudes sont parfaitement conformes au goût des Italiens ! » Gaspara n'avait pas menti. Pendant que certains maris se divertissaient en socratique compagnie, les patriciennes de Venise passaient le plus clair de leur temps à se blondir les cheveux. Pour ressembler aux Vierges et aux héroïnes de Titien et de Véronèse, elles s'infligeaient quotidiennement le supplice de la teinture et prenaient racine sur leurs balcons pendant des heures, immobiles, la tête couverte d'un grand chapeau sans coiffe à travers lequel leurs cheveux décolorés tombaient épars et séchaient au soleil.

Avant d'être épouses et mères, les matrones vénitiennes étaient femmes, femmes coquettes, appelant à elles tous les artifices de la toilette. Toutes ces dames aux cheveux de couleur d'or chère au Vecellio, aux bras et cou ornés de perles orientales étaient-elles honnêtes ? On ne les voyait que lorsqu'elles se rendaient à la messe dans leur paroisse et lors des grandes cérémonies. La rumeur publique les proclamait reines de beauté, les poètes les célébraient, mais certains chroniqueurs, mieux informés que moi de ce qui se passait dans les maisons et palais, ont associé aux noms des plus nobles celui des courtisanes les plus tapageuses. En vérité, Venise était alors un vaste et trépidant lupanar, dans lequel s'ébrouait une foule d'artistes, de marchands, d'artisans, d'hommes d'Eglise, de diplomates et d'espions, d'esclaves maures, de commerçants et de banquiers juifs, d'exilés de toutes races et de toutes nationalités qui avaient trouvé asile dans ce havre qu'en son temps,

Pétrarque avait déjà vanté comme l'« unique refuge de la liberté ». Les fêtes religieuses et profanes, les régates, les tournois, les spectacles, les réjouissances publiques, l'or et l'argent qui coulaient à flots dans cette cité fastueuse, ont attiré à Venise une exubérante volée de prostituées, des courtisanes menant grand train, mais aussi une meute de putains de basse pègre. Elles pullulaient dans la cité lagunaire comme des castors. Cinquante ans plus tôt, elles étaient confinées au Castelleto, un bas quartier près du Rialto. Depuis que le Sénat leur avait permis d'essaimer dans toute la ville, leur nombre avait augmenté dans de telles proportions qu'elles paradaient partout, rues, places, théâtres et même dans les églises. Venise comptait alors plus de dix mille femmes qui faisaient profession putassière et sans doute autant de dames de bonne réputation putassant par plaisir, sans parler des garçons, putiets ou non, leur faisant grande concurrence auprès de ceux qui préféraient des sentiers différents.

Oh oui ! Venise était un stupéfiant, un pharamineux, un ineffable bordel. Mais pour avoir échappé de peu aux flammes, je dois avouer que je préférais respirer dans une république bordelière plutôt que dans un royaume de pharisaïque vertu. A Venise on était Vénitien avant d'être chrétien, selon un proverbial credo. Et pour l'exilé, Vénitien signifie libre.

⋆

Je m'étais présenté à la commission d'instruction publique afin d'obtenir une chaire, mais j'ignorais qu'un étranger qui se mettait sur les rangs pour une place avait besoin d'une recommandation attestant de son mérite. J'avais quitté la France en toute hâte et ne pouvais par conséquent produire aucune lettre de savant en renom témoignant de mes qualités. J'étais un nouveau venu, et ne méritant pas créance dans une cité très sourcilleuse pour tout ce qui concernait l'enseignement. Si l'on n'exigeait pas que les professeurs fussent vénitiens, on désirait toutefois que les candidats à une chaire soient au moins italiens. Sur les trois membres de la commission, un seul, Jérôme Ferri, consentit à appuyer ma demande. Il le fit avec un tel empressement que ma candidature fut acceptée. Mais avant d'obtenir une place, je devais me soumettre à un examen public devant une assemblée de patriciens, de professeurs et d'étudiants. Avant de procéder à une élection, les sénateurs voulaient connaître aussi l'appréciation des élèves. Dans mon discours, je fis l'éloge des études littéraires en expliquant combien elles étaient indispensables à tous ceux qui devaient occuper des postes importants dans cette cité florissante et raffinée. Agréé par le sénat, j'ai obtenu un poste de professeur d'humanités au couvent franciscain de Saint-François des Vignes, tout près de l'Arsenal.

Je garde un souvenir très ému de ce couvent, du silence qui y régnait, à quelques pas de l'agitation de la ville. Après mes leçons, je m'attardais souvent en ses jardins. Pour les âmes plus dévotieuses, ce lieu pouvait évoquer l'antichambre de l'éternité. Ayant toujours associé la nature, la végétation, les parfums de la terre au désir charnel, les jardins m'avaient souvent conduit vers des songeries où la volupté n'était pas absente. Le jardin de Saint-François des Vignes m'incitait au recueillement contemplatif et mon âme s'y faisait plus pure, plus suave et plus pacifique que la colombe sortie de l'arche avec en bec la branche d'olivier. Dans cet état de paix intérieure, j'allais parfois me recueillir dans la chapelle du cloître devant une Vierge à l'enfant peinte par Giovanni Bellini. Je ne craignais plus les persécutions et j'avais obtenu un emploi. Certes, je n'étais qu'un débauché, mais pour des raisons obscures, c'est à cette Vierge que je voulais témoigner ma gratitude. En m'agenouillant devant son portrait, je pensais à ma mère, à cette mère si pieuse que j'avais perdue alors que je n'étais qu'un enfant.

L'ordre de saint François est très attaché à la Vierge. Un frère mineur m'a conté un épisode de la légende de saint Dominique qui explique le rôle de la Vierge de Miséricorde auprès des franciscains.

Lorsqu'il alla trouver Honorius III au Latran, Dominique eut une vision : le Christ, irrité par les péchés des hommes, voulait envoyer des flammes pour détruire le monde, mais la Vierge intercéda et obtint l'apaisement divin, en promettant qu'elle enverrait Dominique et François d'Assise convertir le monde. Depuis ce temps, les franciscains accomplissent leur mission au nom de la Vierge. Pour eux, c'est par Marie que la lumière divine est entrée dans le monde.

★

Jérôme Ferri était un ami de Leonardo Mocenigo. Il lui parla de mon discours de candidature avec tant de chaleur que ce noble Vénitien fut convaincu de me venir en aide. Il m'a invité à loger avec mon compagnon au premier étage d'une maison attenante à son palais situé près de l'église Saint-Samuel. C'était un modeste et confortable logis dont l'entrée se trouvait dans une longue et très étroite venelle donnant sur le Grand Canal. Quand deux hommes s'y croisaient, l'un d'eux était obligé de se coller au mur pour laisser passer l'autre. Le soleil ne pénètre jamais dans ce passage qui ressemble à une ligne de faille entre deux gigantesques blocs de roches noires. Depuis notre arrivée, nous habitions dans une discrète hôtellerie de la ruelle de la Rasse, près de l'église Saint-Zacharie. Memmius s'était entiché de ce quartier et particulièrement de la place Saint-Zacharie où régnait une atmosphère de piété ingénue et joyeuse. Nous nous y attardions souvent le soir, regardant courir les enfants, plaisantant avec un jeune marchand d'oiseaux qui proposait dans de petites cages de bois des merles, des chardonnerets et des pinsons. Là, même les mendiants semblaient prendre la vie avec une douce résignation.

Chaque Vénitien appartient à une paroisse. Pendant un mois, Saint-Zacharie fut la nôtre. Dans cette magnifique église, je retrouvais une autre Vierge peinte par Bellini, une Vierge à l'enfant entourée de saints avec, à ses pieds, un joli enfant jouant de la viole. Devant ce tableau, je me trouvais dans un état que je ne pouvais expliquer ou traduire, un état passif qui n'était pas dévotion, mais plutôt suave délectation, une sorte de liquéfaction de l'âme, d'abandon béatifique, un état de suspens admiratif fait de joie et d'exaltation. D'un coup de coude, Memmius me tirait de ma contemplation quand passaient les quêteurs, des garçons plus gracieux les uns que les autres, un assortiment d'adonis des plus stupéfiants. Le choix des quêteurs dans les églises vénitiennes prouve qu'on ne se mettait guère en peine pour que l'aumône soit méritoire. On employait toujours les jeunes gens les plus capables d'inspirer l'amour. Etrange mais habile bizarrerie, que de donner à la charité la beauté pour enseigne. Quand les riches ouvrent leur gousset, ce n'est point aux pauvres qu'ils pensent, ceux qui quêtent non plus d'ailleurs. Il faut croire que l'attirance et la sensualité font plus de dévots que les confesseurs.

★

Mes leçons chez les frères mineurs de Saint-François des Vignes avaient attiré dans cette école des élèves de plus en plus nombreux. Certains jours, la salle était à peine assez grande pour accueillir tous les auditeurs, comme aux beaux jours où je resplendissais dans les classes de Boncourt et du Cardinal-Lemoine. Si, à l'inverse du roi de France, le doge Francesco Venier n'a jamais assisté à une de mes leçons, les services que je rendais aux étudiants vénitiens m'ont au moins attiré l'estime et l'amitié de plusieurs grandes familles. Les Loredani, les Contarini, les Soriani rivalisaient à qui m'aimerait et m'admirerait le plus. Bernardo Loredano m'a ouvert sa somptueuse bibliothèque, Giacomo Soriani m'a témoigné la plus vive affection et Leonardo Mocenigo, notre bienfaiteur, prenait plaisir à bavarder tous les jours avec moi. Fort de ces hautes protections, j'ai rapidement trouvé ma place dans les milieux littéraires de la ville.

Mais c'est auprès de l'éditeur Paul Manuce que j'ai obtenu mon plus grand soutien. Je lui avais rendu visite dès mon arrivée et aussitôt il m'avait offert amitié et emploi. Paul était alors âgé de quarante ans. Depuis vingt ans, il s'efforçait de suivre les glorieuses traces de son père Aldo. Ce dernier ayant moissonné presque tout le champ des livres grecs inédits, Paul se livrait de préférence à la littérature latine. Il travaillait nuit et jour, au détriment de sa santé, à rédiger les notes, scholies et tables des nombreuses éditions sorties de ses presses. Bien que souffrant cruellement des yeux, outre ses travaux d'éditeur, il s'appliquait aussi à l'étude de l'Antiquité et à divers travaux littéraires. Il me disait qu'en vingt ans il ne s'était passé aucun jour sans qu'il n'ait écrit quelque chose en latin. Sans cesse, il relisait Cicéron pour former son style sur celui du grand orateur.

Pour Paul, j'ai commenté plusieurs auteurs latins. La première année, je lui ai donné un Catulle, une affaire expédiée en trois mois. Je l'ai dédié à Bernardo Loredano. La même année, j'ai traduit pour Manuce le septième livre des *Topiques* d'Aristote. En 1555, ce sont Horace et Térence qui ont fait gémir ses presses. A Leonardo Mocenigo, j'ai dédié, par reconnaissance, les *Catilinaires*, à Jérôme Ferri, mon discours sur les études littéraires, à Torquato Bembo, mon Tibulle, à François Gonzague, mon Properce. Mes épîtres dédicatoires hérissaient un brin mon ami Paul. L'amitié des hommes érudits le comblait bien plus que la faveur des grands dont il n'avait d'ailleurs retiré que de très faibles avantages. Un jour, je lui ai demandé à qui dédier un de mes livres. Il m'a répondu que je devrais honorer un savant au lieu de me répandre, pour un quelconque prince, en d'interminables autant qu'oiseuses phrases de compliments, en témoignages d'obséquiosité et en circonlocutions à n'en plus finir. A l'entendre, tous ces vaniteux patriciens étaient des insensés qui se connaissaient fort mal eux-mêmes et se repaissaient des flatteries comme s'ils étaient vraiment tels que les faiseurs de dédicaces les dépeignent. La plupart d'entre eux mériteraient une bonne leçon et non un panégyrique.

Paul était insatiable. Il me grondait quand mes manuscrits tardaient à venir. En m'obligeant à produire à bride abattue, il récoltait parfois un travail un peu superficiel. Les presses de Manuce n'étaient jamais au repos, et moi non plus. La préparation de mes leçons et mes travaux de commentateur ne me laissèrent bientôt aucun loisir.

Labeur du matin, labeur de journée, labeur du soir, cette frénésie de travail consternait Memmius. « Toutes ces fonctions et tâches, disait-il, t'obligent à t'occuper tellement des autres que tu ne t'appartiens plus à toi-même, et que tu me délaisses complètement. » En vérité, si je voulais à toute force acquérir une notoriété dans la cité et m'assurer une situation honorable, c'était principalement en pensant à lui. Je l'avais arraché à ses études et entraîné loin des siens dans mon exil. Je me devais donc de garantir sa sécurité, sa liberté et son avenir.

*

Memmius était ébloui et comme envoûté par Venise. A ce garçon qui n'avait connu que les décors ordinaires de Dijon, de Toulouse et du quartier des collèges de Paris, cette ville de marbre et d'eau apparaissait comme un théâtre miroitant quasi surnaturel. Transporté par prodige à Cyrène, Corcyre, Babylone ou quelque autre cité fabuleuse de l'Antiquité, il n'eût été plus dépaysé. Les premiers mois, il passait ses journées à déambuler. Il voulait tout connaître, toutes les rues, venelles, ponts et canaux, tous les palais et églises, mais aussi les boutiques des marchands, les ateliers des artisans et les recoins les plus cachés de la ville.

Venise avait ensorcelé Memmius comme un philtre amoureux. Puissant sortilège ! Insensiblement, le jeune Bourguignon se métamorphosait. Il s'habillait comme les jeunes gens de Venise et me parlait en italien, en affectant le ton de voix un peu nonchalant des indigènes. Parfois, il venait assister en auditeur libre à mes leçons, pour me taquiner ensuite au sujet des études latines : « Si ton Cicéron vivait aujourd'hui, il ne ferait pas de discours latins comme toi, il parlerait la langue de Machiavel. Et Catulle écrirait des contes comme Boccace et des histoires scandaleuses comme celles de

Jérôme Morlini ou de Pietro Aretino. » Je feignais l'indignation et criais au sacrilège.

Les larmes me viennent en rapportant ces souvenirs, car les quatre années que j'ai vécues à Venise avec Memmius tiennent du miracle et je n'ai que de pauvres phrases pour traduire cette félicité. La parole est un bien indigent instrument ! Toute la puissance de la mémoire est là, mais pour dire ce qui me vient à l'esprit, l'écriture est impuissante. Seule la musique pourrait exprimer pareil frémissement.

★

Memmius avait délaissé toutes les études pour ne plus se consacrer qu'à la musique. Venise était pour lui un sanctuaire, un haut lieu de pèlerinage musical. Il avait appris à jouer du luth dans une méthode publiée dans cette ville au début du siècle. Ce recueil ne l'avait jamais quitté. Il était, avec son luth, ce qu'il possédait de plus précieux.

Les écoles de musique de Venise ont accueilli mon luthiste avec beaucoup d'empressement. On était charmé et flatté d'entendre un jeune Français interpréter les compositions des premiers luthistes vénitiens. On l'invita à jouer dans plusieurs maisons. Andrea Gabrieli, un chantre de la chapelle ducale, mit à sa disposition des recueils plus récents, comme les ricercari du poète luthiste Francesco da Milano. Le même Gabrieli, auquel Memmius faisait un peu tourner la tête, le présenta à Adrian Willaert, le maître de la chapelle ducale de Saint-Marc. L'école de chant de Willaert était alors fort réputée. C'est là que les enfants des familles nobles et des riches marchands recevaient leur éducation vocale. Un jour, Memmius a improvisé devant Willaert une transcription d'une de ses œuvres vocales. Il a fait si grande impression que Willaert lui a proposé de transcrire tout son premier livre de madrigaux.

Dans l'entourage de Willaert, Memmius s'est lié d'amitié avec Claudio Merlotti, un jeune musicien fraîchement installé à Venise et qui venait de Correggio près Modène. Agé de vingt et un ans comme Memmius, il avait, lui aussi, renoncé à la philosophie et à la littérature pour ne servir que la musique. Les deux garçons ne se quittaient plus. Claudio était aussi talentueux au luth qu'à la viole et à l'orgue. Il parlait notre langue car ses parents lui avaient donné pour premier maître un musicien français qui habitait alors Correggio. Claudio s'adressait à Memmius en français et celui-ci lui répondait en italien, et comme ils étaient tous deux fort espiègles, ils s'amusaient à singer en deux langues les bouffonneries des comédiens de la rue.

Obéissant à je ne sais quel caprice, Claudio Merlotti décida un beau jour de changer son patronyme en Merulo, une fantaisie grammaticale bénigne mais pleine de sens. Merlotti, Merulo, merles que tous ces gens-là ! Sans doute ! Mais si l'on accepte

Merulo comme singulier de Merlotti, on devine que dans cette famille d'oiseaux musiciens, Claudio voulait se distinguer comme *le* merle, le merle rare. Sur-le-champ, Memmius a décidé de réformer lui aussi son nom en le rendant italien : « Nous autres Frémyot, n'appartenons pas, comme les Merlotti, à l'insouciante engeance emplumée. Dans le jargon de ma province, frémiot veut dire petite fourmi. Par déférence envers cette muette et diligente créature, je garderai son nom dans sa transcription italienne. Mes amis, appelez-moi Memmio Formicola ! »

Sous le nom de Merulo, Claudio a rapidement fait son chemin. A vingt-quatre ans il a obtenu le premier des deux orgues de l'église Saint-Marc. Memmius, au rebours de son ami, ne nourrissait aucune ambition. Des deux compères, c'était Merulo qui incarnait le mieux la fourmi, alors que mon Frémyot vivait pour ainsi dire à la grâce de Dieu, comme les oiseaux du ciel.

En vérité, à cette époque-là, Memmius me causait bien des tourments. Nous avions vécu plus de quatre ans dans la plus grande, la plus parfaite intimité, ne vivant pour ainsi dire l'un que pour l'autre, quatre années de complicité joyeuse et de fraternelle émulation. Mais, vers la fin du printemps 1558, peu après la nomination de Merulo à Saint-Marc, Memmius se mit à changer. Il paraissait se désintéresser de tout, délaissant même son luth. Il lui arrivait de disparaître pendant plusieurs journées et lorsqu'il rentrait, il semblait tourmenté par d'obscurs démons.

Dès notre rencontre à Paris, j'avais pressenti que ce garçon radieux, subtil et raffiné était marqué par la mélancolie. Memmius était double. La partie lumineuse de sa complexion était joyeuse, éprise de beauté et d'idéal ; la partie ténébreuse qui dominait alors me restait une énigme. J'étais inquiet, mais face au mutisme cabré de mon compagnon, je me sentais bien trop maladroit pour poser des questions. Nous n'hésitons pas à affronter les difficultés dès lors qu'il s'agit d'éloigner un mal que nous prévoyons. On jeûne avec plaisir quand on croit éviter le retour de la fièvre ; on souffrirait tranquillement le fer et le feu pour prévenir une maladie dangereuse dont on connaît le nom et les effets. Mais que faire devant un adversaire aussi insaisissable et sournois que la mélancolie ?

⋆

Memmius revenait de ses mystérieuses échappées avec une expression égarée et farouche qui me terrifiait. Quelles fringales allait-il assouvir, et en quels parages ? Las de ses réticences, je me suis décidé un jour à lui demander ce qui lui pesait sur la poitrine. Il a protesté en éclatant de rire, disant qu'il ne s'était jamais mieux porté, mais que, pour l'heure, il renonçait à être un homme d'étude pour devenir un homme d'action. Je me suis adressé à lui avec douceur et bonté, mais comme il me répondait d'une voix rude et engorgée, j'ai cessé de le questionner. Je n'étais pas dupe, la bravade cachait d'invisibles blessures. La fierté seule empêchait Memmius de s'épancher. En revanche, il se confiait volontiers à son ami Merulo. En bavardant avec Claudio, j'ai appris que mon compagnon fréquentait depuis plusieurs mois le peintre Battista Franco, un admirateur de Michelangelo Buonarroti. Ce Franco était un artiste de troisième rang, mais plusieurs patriciens lui passaient commande. Aussi vivait-il assez joyeusement. Selon Merulo, c'était un parfait débauché, une opinion que me confirma Paul Manuce. Son atelier grouillait nuit et jour de jeunesse, des beaux garçons lui servant de modèles, des mauvais garçons et tout un harpail de putains pour d'autres usages. Franco faisait alors les dessins de la fable d'Actéon pour des fresques de la bibliothèque de Saint-Marc. Dans cet artistique bordel, Memmius avait sympathisé avec plusieurs garçons du peuple, des pêcheurs, des ouvriers portefaix, des maçons, des employés d'atelier, des rameurs. Les quartiers plébéiens exerçaient sur lui une irrépressible attirance. Il aimait flâner aux alentours du Rialto, sur l'autre rive du canal, en face de la ruelle Mocenigo où nous vivions. Ce quartier du marché et du quai des charbonniers offre toute l'année un spectacle bruyant qui fascinait mon ami.

Racolé chez Franco, Memmius s'était plus ou moins affilié à une bande de vauriens qui se retrouvaient le soir sur les quais du canal, au fin fond du Dorsoduro, tout près de l'église Saint-Nicolas des Mendiants. C'était le rendez-vous de toutes les bandes qui voulaient en découdre. Les chefs se mesuraient en combats singuliers, les chausses relevées jusqu'aux genoux, le torse nu luisant d'huile, flanc contre flanc, poitrine contre poitrine, jouant des reins, des coudes et de la tête pour renverser l'adversaire et le clouer au pavé. Parfois, la furie de la meute rivale se retournait contre le vainqueur et la mêlée devenait générale, avant de finir en tuerie. Ces joutes étaient l'occasion pour certains, lâches criminels ou spadassins infâmes, de régler leurs comptes de façon beaucoup moins athlétique.

⋆

Là, au cours d'une froide et pluvieuse nuit de l'automne 1558, est tombé mon Memmius, poignardé par un inconnu et jeté dans le canal. Quelques heures plus tôt, il m'avait accompagné chez Leonardo Mocenigo qui l'avait prié de jouer quelques pièces de luth pour la fête de son jeune fils. A la fin du concert, notre mécène nous avait invités à le suivre dans sa galerie de tableaux. Il possédait un mystérieux portrait qu'il tenait à nous montrer. Nous sommes restés comme pétrifiés devant ce tableau. Memmius s'est agrippé à mon bras sans dire un mot. Le portrait représentait mon ami aussi fidèlement qu'un miroir : Memmius vêtu d'une élégante tunique de velours sombre gansée d'or, la joue appuyée contre sa paume, une orange dans la main gauche ; Memmius, beau comme aux jours heureux, jetant sur le monde un regard d'une tendresse infinie, un regard caressant mais altéré de profonde mélancolie. Derrière lui, se tenait un autre jeune homme, un garçon sensuel, avec de profonds yeux noirs brillants, une longue chevelure d'ébène, une bouche gourmande.

Le portrait datait du début du siècle, mais personne ne savait qui était le peintre et qui étaient les modèles. Les deux jeunes gens exprimaient des caractères tellement différents, si incompatibles, qu'on pouvait se demander ce que l'artiste avait voulu glorifier en imaginant un tel couple. J'étais encore plus troublé que Memmius, car c'était ma vie, mes goûts et mes amours que je voyais incarnés en ce duo : la beauté sereine, radieuse d'Apollon, la beauté sauvage de Dionysos : Memmius Frémyot et Ramonet Fouteau !

Je ne pouvais détacher mes yeux de cette représentation. Le vrai Memmius se tenait à mes côtés, si proche et en même temps si loin, mais c'est avec celui du tableau que je me sentais soudain en communion. A cet amour se mêlait une appréhension de fragilité, comme un avertissement, un frisson de mauvais augure.

⋆

Pendant des semaines, j'ai erré dans les pièces désertes de mon logis, m'attendant à voir paraître tout à coup celui qui n'était plus. Mais Dieu n'a pas donné l'éternité aux sentiments humains, et les plus passionnés finissent par s'épuiser par leur violence même.

La mort de Memmius marquait définitivement la fin de ma jeunesse. J'ai quitté Venise pour enseigner quelque temps à Padoue. Peu après, je suis entré au service du duc d'Este. Les nouvelles charges et les nouveaux devoirs ont donné à ma douleur des distractions qui devaient l'emporter.

⋆

La tendre amitié que nous éprouvions l'un pour l'autre fut le plus grand don que le Ciel m'ait prodigué. Dans ces confessions, j'ai rompu le silence que j'ai toujours gardé sur ces sentiments, de peur d'en profaner la délicatesse.

Seul l'oubli signifie la mort d'un être. Les traits du visage de Memmius sont fixés depuis plus de trente ans dans ma mémoire, et l'accent de sa voix résonne encore dans l'air qui m'entoure. L'illusion de m'entretenir avec lui a bercé mon âme pendant toute ma vie. Il vit toujours dans les réminiscences de nos jeunes années à Paris, à Toulouse et à Venise. Tout ce que j'ai réalisé ensuite, je l'ai fait à sa mémoire.

Le jour est proche, où je tomberai à mon tour, et ce jour-là seulement, la Mort aura accompli son œuvre et plus personne ici-bas ne se souviendra de lui.

Epilogus

Marc-Antoine Muret s'est éteint le 4 juin 1585 après de longues souffrances. Il est mort dans les bras du fidèle François Benci. Le lendemain, ses obsèques furent célébrées à l'église de la Trinité-du-Mont où Muret s'était fait bâtir un tombeau. Benci a prononcé son oraison funèbre. Dans un poème latin très émouvant, il a raconté la fin de son maître bien-aimé. On lui doit aussi une courte biographie qui figure dans la plupart des éditions collectives de M.-A. Muret.

Muret a légué tous ses biens à son neveu. Guidé par François Benci, le jeune Marc-Antoine est entré chez les jésuites de Rome. Seize mois après la mort de son oncle, il fut enlevé par une grave maladie. Les deux Muret reposent dans le même tombeau. Pour qu'elle ne soit pas dispersée, le jeune Muret avait légué la bibliothèque de son oncle aux jésuites. Une grande partie de ses livres se trouve aujourd'hui à la bibliothèque Vittorio Emanuele II.

★

Après la mort de Muret, les éditions de ses œuvres se sont multipliées en Italie, en France, en Allemagne et dans les Pays-Bas. Au XVIIIe siècle, Muret était commenté dans les collèges et les universités comme un véritable classique. En 1834, le savant philologue Charles-Henri Frotscher a donné une édition des œuvres complètes de Muret, avec de savantes notes.

★

Pierre de Ronsard est mort six mois après son commentateur, dans la nuit du 27 au 28 décembre 1585. Jean Dorat s'est éteint en 1588 et Jean-Antoine Baïf en 1589.

François Benci a enseigné l'éloquence à Sienne, à Pérouse et à Rome où il est mort en 1594. En 1592 ses poèmes latins ont paru chez les jésuites d'Ingolstadt. Joseph Scaliger a prétendu que, de son temps, il fut le seul jésuite à savoir faire des vers latins.

★

Alors que je rédigeais les dernières pages de ce roman, paraissait à Genève, chez Droz, une remarquable édition critique des *Juvenilia* de Muret, avec la première traduction française complète de ce recueil par Virginie Leroux.

La maison Droz – bénie soit cette institution qui depuis tant d'années honore la République des lettres ! – annonce encore, pour 2009, un mémoire de J.-E. Girot : *Un humaniste français à Rome à la fin de la Renaissance : Marc-Antoine Muret et les belles-lettres.*

Annus MMIX, annus Mureti !

Remerciements

Ce livre est un roman. Un grand nombre de faits qui y sont relatés n'en sont pas moins véridiques. Impossible de citer tous les ouvrages dans lesquels j'ai butiné mes informations.

En voici quelques-uns :

Dejob (Charles). *Marc-Antoine Muret, un professeur français en Italie dans la seconde moitié du XVIe siècle.* Paris, Thorin, 1881.

Trinquet (Roger). « Recherches chronologiques sur la jeunesse de Marc-Antoine Muret ». *Bibliothèque d'humanisme et renaissance*, 1965, tome XXVII.

Nolhac (P. de). « Lettres inédites de Muret », in *Mélanges Graux*. Paris, Thorin, 1884.

Nolhac (P. de). « La bibliothèque d'un humaniste au XVIIe siècle. Les livres annotés par Muret ». *Mélanges d'archéologie et d'histoire,* 1883, III, pp. 202-238.

Chamard (Henri). *Histoire de la Pléiade.* Didier, 1961.

Longnon (Henri). *Pierre de Ronsard.* Paris, 1912.

Champion (Pierre). *Ronsard et son temps.* Paris, 1967.

Bonnefon (Paul). *Montaigne et ses amis.* Paris, 1898.

Nisard (Charles). *Les gladiateurs de la République des lettres au XVe, XVIe et XVIIe siècles.* Paris, 1860.

Delumeau (Jean). *Vie économique et sociale de Rome dans la seconde moitié du XVIe siècle.* Paris, 1959.
Augé-Chiquet (Mathieu). *La vie, les idées et l'œuvre de Jean-Antoine de Baïf.* Paris, 1909.
Bourciez (Edouard). *Les mœurs polies et la littérature de Cour sous Henri II.* Slatkine Reprints, 1967.
Banachévitch (Nicolas). *Jean Bastier de La Péruse (1529-1554).* Paris, 1923.
Castor (Grahame). *La Poétique de la Pléiade.* Champion, 1998.
Godard (Didier). *L'autre Faust. L'homosexualité masculine pendant la Renaissance.* H. et O., 2001.
Lever (Maurice). *Les bûchers de Sodome.* Fayard, 1985.
Collectif. *Les Universités européennes du XVIe au XVIIIe siècle. Histoire sociale des populations étudiantes. Etudes.* Ecole des hautes études en sciences sociales, 1986.
Poirier (Guy). *L'homosexualité dans l'imaginaire de la Renaissance. Champion,* 1996.
Tiersot (Julien). « Ronsard et la musique de son temps ». *Intern. Musik Gesellschaft,* oct.-déc. 1902. Leipzig.
Pinvert (Lucien). *Jacques Grévin (1538-1570).* Paris, 1899.

★

Merci à Olivier Nora et Manuel Carcassonne, mes intrépides éditeurs, à Tristan et à Sylvie Pimpaneau, à mes amis experts et marchands de livres anciens : Jacques Quentin, Roger Braunschweig, Bernard Rosenthal, Gabriella Carbone, Dominique Courvoisier, Benoît Forgeot, Sylvain Goudemare, Rodolphe Chamonal, Jean-Luc Devaux, Roger Roques, pour leurs encouragements et pour les premières éditions de Muret qu'ils m'ont permis d'acquérir. Merci aussi à tous mes anciens professeurs de latin, de Saverne, de Fribourg, de l'université de Strasbourg et de la Sorbonne.

O quoties obitum linguae statuere latinae!
Tot tamen exequiis salva superstes erat!

Sans cesse on proclame que le latin est mort
Et pourtant il a survécu, sain et sauf à chacun de ses enterrements!

Joseph Eberle, *Lingua morta.*

DU MÊME AUTEUR

LES POÈTES NÉO-LATINS EN EUROPE DU XIe AU XXe SIÈCLE, *bibliographie*, Manoir de Pron, 1988.

LOUISE MICHEL, LÉGENDES ET CHANTS DE GESTES CANAQUES, *présentation*, « Editions 1900 », 1988.

LES FASTES DE BACCHUS ET DE COMUS OU HISTOIRE DU BOIRE ET DU MANGER EN EUROPE, DE L'ANTIQUITÉ À NOS JOURS À TRAVERS LES LIVRES, *bibliographie*, Belfond, 1989.

UNE BIBLIOTHÈQUE BACHIQUE, *bibliographie*, Loudmer, 1993.

AUGUSTE POULET-MALASSIS. UN IMPRIMEUR SUR LE PARNASSE, *bibliographie*, Manoir de Pron, 1996.

NIL ROUGE, *roman*, Le Cherche-Midi, 1999 ; Gallimard Folio, 2000 (prix René Fallet).

PERA PALAS, *roman*, Le Cherche-Midi, 2000.

RAMAGES ET PLUMAGES, UNE PETITE CORRESPONDANCE ORNITHOPHAGIQUE AVEC JIM HARRISON, Manoir de Pron, 2001.

PALOMAS CANYON, *roman*, Le Cherche-Midi, 2002.

SALAMI, *Photographies de Hans Gissinger*, Woodstock Editions, New York, 2001 ; Actes Sud / Le Rouergue, 2002.

LA VIE EST UN TANGO, *chroniques musicales*, Flammarion, 2003.

RETOUR À ZORNHOF, *roman*, Grasset, 2001 ; Le Livre de Poche, 2006 (prix Erckmann-Chatrian, prix Découverte Le Figaro Magazine / Fouquet's, prix des Deux Magots).

ITINÉRAIRE SPIRITUEUX, *récit*, Grasset, 2006 ; Le Livre de Poche, 2008 (prix Mac Orlan, Prix Edmond de Rothschild, prix Rabelais).

LA VIE EST AINSI FÊTE, *chroniques musicales*, Grasset, 2007.

Cet ouvrage a été imprimé en France par

CPI
Bussière

à Saint-Amand-Montrond (Cher)
en juin 2009
pour le compte des Éditions Grasset,
61, rue des Saints-Pères, 75006 Paris.

Mise en pages : Bussière

N° d'édition : 15822. — N° d'impression : 90878-091536/4.
Dépôt légal : août 2009.